DEPOIS DAQUELE DIVÓRCIO

Editora Appris Ltda.
1.ª Edição - Copyright© 2021 dos autores
Direitos de Edição Reservados à Editora Appris Ltda.

Nenhuma parte desta obra poderá ser utilizada indevidamente, sem estar de acordo com a Lei nº
9.610/98. Se incorreções forem encontradas, serão de exclusiva responsabilidade de seus organizadores. Foi realizado o Depósito Legal na Fundação Biblioteca Nacional, de acordo com as Leis nos
10.994, de 14/12/2004, e 12.192, de 14/01/2010.

Catalogação na Fonte
Elaborado por: Josefina A. S. Guedes
Bibliotecária CRB 9/870

P211d 2021	Paolis, Marcela de Depois daquele divórcio / Marcela de Paolis. – 1. ed. - Curitiba : Appris, 2021. 161 p. ; 21 cm. ISBN 978-65-250-0585-0 1. Memória autobiográfica. 2. Divórcio. I. Título. II. Série. CDD – 808.06692

Editora e Livraria Appris Ltda.
Av. Manoel Ribas, 2265 – Mercês
Curitiba/PR – CEP: 80810-002
Tel. (41) 3156 - 4731
www.editoraappris.com.br

Printed in Brazil
Impresso no Brasil

Marcela de Paolis

DEPOIS DAQUELE DIVÓRCIO

FICHA TÉCNICA

EDITORIAL	Augusto V. de A. Coelho
	Marli Caetano
	Sara C. de Andrade Coelho
COMITÊ EDITORIAL	Andréa Barbosa Gouveia (UFPR)
	Jacques de Lima Ferreira (UP)
	Marilda Aparecida Behrens (PUCPR)
	Ana El Achkar (UNIVERSO/RJ)
	Conrado Moreira Mendes (PUC-MG)
	Eliete Correia dos Santos (UEPB)
	Fabiano Santos (UERJ/IESP)
	Francinete Fernandes de Sousa (UEPB)
	Francisco Carlos Duarte (PUCPR)
	Francisco de Assis (Fiam-Faam, SP, Brasil)
	Juliana Reichert Assunção Tonelli (UEL)
	Maria Aparecida Barbosa (USP)
	Maria Helena Zamora (PUC-Rio)
	Maria Margarida de Andrade (Umack)
	Roque Ismael da Costa Güllich (UFFS)
	Toni Reis (UFPR)
	Valdomiro de Oliveira (UFPR)
	Valério Brusamolin (IFPR)
ASSESSORIA EDITORIAL	Lucas Casarini
REVISÃO	Ana Paula Pertile
PRODUÇÃO EDITORIAL	Letícia Hanae Miyake
DIAGRAMAÇÃO	Yaidiris Torres
CAPA	Daniela Baumguertner
COMUNICAÇÃO	Carlos Eduardo Pereira
	Débora Nazário
	Kananda Ferreira
	Karla Pipolo Olegário
LIVRARIAS E EVENTOS	Estevão Misael
GERÊNCIA DE FINANÇAS	Selma Maria Fernandes do Valle
COORDENADORA COMERCIAL	Silvana Vicente

À minha mãe,
a primeira mulher divorciada que conheci.

AGRADECIMENTOS

Agradeço às pessoas que compartilharam parte de suas vidas comigo, seja por narrarem suas memórias, seja por estarem em minha companhia.

Dentre essas pessoas, um especial agradecimento à Lorena Vicini, fada madrinha que me guiou pelos caminhos da produção textual.

Ao Renan Camilo, que trouxe calma e precisão para meu texto, trabalhando na revisão da escrita antes de sua chegada à editora. Que possamos compartilhar muitas outras narrativas nessa vida.

Agradeço à Aida Kakuzen, pelos ensinamentos budistas, por ter me abraçado e dito que meu movimento era lindo quando eu estava perdida no começo do divórcio. Kakuzen foi ordenada pela monja Coen Roshi e em 2019 recebeu a Transmissão do Darma de Dengaku Sensei (Rio Grande do Sul). No Planalto Central, Kakuzen é a sensei responsável pelo Zen Brasília, comunidade que orienta os interessados a conhecer o caminho da tradição zen-budista Soto Zenshu.

Agradeço à monja Myoden, responsável pelo Via Zen de Uberlândia-MG, pela orientação budista e leitura crítica do meu texto. Seu sorriso e sua conversa iluminaram esta narrativa de forma especial. Gassho, reverência.

Foi também pela partilha budista que conheci Ylo Barroso, a quem agradeço por ter lido em primeira mão a versão inicial deste texto. Obrigada pelas sugestões e pelas conversas virtuais. A maresia do Trairi chegou gentilmente na construção deste livro.

Ao Diego Santos, agradeço por sentir-me verdadeira quando estou ao seu lado.

APRESENTAÇÃO

Eu me divorciei pela primeira vez em 2017. Não fui traída, nem roubada, não apanhei, nem havia sido vítima de algo socialmente recriminável. Tampouco havia cometido alguma ação que pudesse ser reconhecida como "uma justificativa para o fim do casamento". Simplesmente entendi que aquele não era mais o meu caminho. Essa escolha tão clara e serena revelou-se aos poucos a mais difícil decisão da minha vida até então. Como se, para estar em acordo com o mundo – e até comigo mesma –, eu precisasse de um argumento do tipo que aparece nos programas de televisão à tarde, estilo casos de família & escândalos do amor.

Uma rede de apoio me segurou e guiou-me nesse processo. Não consigo imaginar como teria atravessado aquele maremoto sem essa rede. Saber que não estava só nem louca foi imprescindível para minha sobrevivência plena e para estar aqui, hoje, escrevendo este texto e seguindo meu caminho.

Todos enfrentamos momentos que se convertem em um divisor de águas em nossas vidas: a proximidade da morte, um filho, uma herança, um emprego, o início ou o término de um relacionamento. E todos lidamos com as ferramentas que possuímos nessas ocasiões. Ter clareza desses processos e da forma como os enfrentamos nos faz pessoas mais seguras e tranquilas com nossas escolhas.

Quando meu casamento acabou, eu estava ávida por histórias de separação. Pesquisava filmes, interpelava amigos e desconhecidos, passei a ser indicada como "aquela pessoa que adora falar sobre divórcio, vai lá conversar com ela". Ouvir outras explicações e desfechos me ajudou imensamente a entender e atravessar o fim do meu relacionamento. Identificar semelhanças, reconhecer diferenças, surpreender-me com a generosidade ou a maldade alheia – tantas histórias se tornaram um abraço nos momentos de total desalento.

A decisão da separação representou para mim muito mais do que o término de um relacionamento amoroso. A partir dessa escolha, eu decidi romper com formas de se relacionar com outras pessoas e de estar no mundo que já não faziam mais sentido para mim. Foi durante esse período também que me direcionei para o budismo, prática desde então incorporada à minha existência.

Compartilho neste texto, a partir do fim de um casamento, como foi a minha experiência de enfrentamento e descoberta desse processo de realinhamento de vida. Mas essa narrativa não é só minha: foi tecida também com as experiências de outros divórcios que conheci ao longo do tempo de escrita. Além disso, retomo livros, filmes e referências variadas que me ajudaram a compreender a separação em diferentes perspectivas. O livro está dividido em três partes, que narram de forma temática o começo, o meio e o fim dessa trajetória. As questões se repetem e voltam, porque a vida é assim: certas coisas precisam ser repetidas e reelaboradas algumas vezes.

Os nomes e gêneros das pessoas que apresento estão trocados, para garantir o anonimato dos que dividiram comigo suas emoções. As narrativas são todas verdadeiras, no sentido que a memória permite e o objetivo da mensagem é alcançado, de modo que é inteiramente minha a responsabilidade das falas apresentadas.

Não foi fácil escrever este livro. Ao relembrar e organizar os meus passos em capítulos, eu revivia um pouco dores, cheiros, sensações. Foi dolorido e, ao mesmo tempo, catártico. Senti um enorme alívio, quando finalmente terminei.

Foi, também, uma escrita de compartilhamento. As histórias que apresento são sobre esses rearranjos que fazemos ao longo da existência. As emoções que nos invadem em horas de fortes decisões. É também sobre ser mulher nesse contexto e reconhecer que esse lugar tem suas particularidades. Destaco um último ponto de atenção: quem escreve este livro é uma mulher, e isso faz toda a diferença. É desse lugar social que olhei para os desafios vividos e, como mulher, precisei reconhecer que as coisas, em nosso corpo, são diferentes.

Desejo que a leitura traga alento e conforto aos que, assim como eu, precisaram enfrentar o final de um relacionamento e repensar suas escolhas pessoais.

PREFÁCIO

Viver é realmente perigoso. Já havia escrito João Guimarães Rosa em seu *Grande Sertão: Veredas*. É perigoso, porque, por mais que tenhamos as coisas todas mais ou menos programadas, estamos sempre em um estado de iminência — de que algo possa acontecer, em no ambiente externo e em nosso interior, em nossa intimidade. É perigoso, porque também é fascinante. Imagine, por exemplo, a vastidão do mundo e de pessoas ainda desconhecidas, que, inclusive, nunca chegaremos a conhecer. Ao nosso redor pulsa uma natureza muito maior e ininteligível do que nós, seres humanos. No entanto, compartilhamos algo com essa natureza abismal, que é a capacidade de ir se transformando ao longo do tempo, de preservar conhecimentos e buscar outros tantos novos movimentos.

De repente, nas ruas, em um café ou no samba, podemos nos encontrar com alguém, fixar o olhar no outro por mais tempo, podemos reviver um encontro, um momento passado, ou olhar para uma fotografia guardada, de maneira diferente e profunda. De repente, o amor acaba, se transforma em outro sentimento. Somos absorvidos pelo ódio e pela raiva, que, por sua vez e a partir de vivências outras, se acalmam e se tornam paz. A evolução orgânica de nosso corpo, de nossos reencontros com algo ou alguém e do ambiente ao nosso redor é vivificante.

A obra da Marcela, **Depois Daquele Divórcio**, é uma imersão no perigo, no fascínio e na pulsão da vida, mas também é um gesto e uma postura muito corajosa dela, Marcela, dela, Mulher, em lidar com o término, com a separação, com o fim de algo de maneira verdadeira, comprometida e afetuosa.

Não raro escolhemos fugir daquilo que, de alguma maneira, nos faz sofrer e nos provoca dor. Sempre me pergunto, por que não vivemos a dor, a tristeza e a raiva com a mesma intensidade que vivemos o amor, a alegria, o prazer? São sentimentos humanos que nos acompanham. É importante para a nossa evolução confrontarmo-nos de maneira atenta e consciente com aquilo que sentimos, sem jamais deixar para depois, fingir que está tudo bem ou, simplesmente, esquecê-los.

Obviamente, os meios de gerar esses espaços de confrontação com nossos sentimentos são diferentes. *Depois Daquele Divórcio* é um exemplo. A Marcela escolheu a palavra, com confiança se entregou à palavra como um gesto de entrega ao outro e criou um encontro entre compreensões, a dela mesma enquanto mulher e ser humano e a da palavra, como forma de conservar o aprendizado e compartilhá-lo com o mundo.

Em muitos momentos, lendo as palavras da Marcela, eu me recordava das palavras de outra mulher, que também encontrou na literatura uma força afiada para expressão, criação e ativismo, Audre Lorde (2003, p. 13). Em seu livro *Irmã Outsider*, mais especificamente no ensaio "A poesia não é um luxo"[1], ela escreve:

> A qualidade da luz com a qual observamos nossas vidas tem um efeito direto sobre a maneira que vivemos e sobre as mudanças que pretendemos alcançar com o nosso viver. A partir dessa luz concebemos as ideias com as quais procuramos descobrir nosso mundo mágico, transformando-o em realidade. Isso é a poesia entendida como iluminação, pois através da poesia damos nomes às ideias que, até surgir o poema, não têm nome nem forma, ideias ainda por nascer, mas já intuídas. A destilação da experiência, da qual brota a autêntica poesia, ilumina o pensamento do mesmo modo que os sonhos iluminam os conceitos, ou do mesmo modo que os sentimentos iluminam as ideias e o conhecimento ilumina (procede) o entendimento.

> Na medida em que aprendemos a suportar a intimidade com essa observação constante e a florescer junto a ela, na medida em que aprendemos a utilizar

---

[1] LORDE, Audre. "La poesía no es un lujo". *La hermana, la extranjera. Artículos y conferencias*. Madrid: Editorial horas y HORAS, 2003.

os resultados de nossas vivências para fortalecer nossa existência, os medos que regem nossas vidas e conformam nossos silêncios começam a perder o domínio sobre nós. [tradução minha]

A Marcela não se deixou dominar pelo medo, pelo perigo de um término, de um final atravessado por muitas questões que, tampouco, dependiam somente dela, de suas escolhas e decisões. Pelo contrário, a Marcela viveu com tudo isso, transformou todas as experiências desse longo processo de divórcio em potência, em palavra, em reflexão.

Em um tempo muito seu, muito orgânico, foi buscando os amigos e as amigas, a família, e novas pessoas, novos homens, que foi conhecendo nas viagens, nas ruas, na faculdade, nos bares, e mesmo em seu círculo íntimo, enfrentando barreiras e resistências, soube avançar, porque soube parar, respirar e colocar tudo em perspectiva, se distanciar um pouco da realidade chutando a sua porta e voltar a ela sempre com mais sabedoria.

Como editor de texto, sinto-me privilegiado e honrado de compartilhar o processo e a entrega da Marcela à palavra. Foram inúmeros comentários nas margens da página com tantas nuances sobre as questões vividas e a expressão de tudo pela linguagem escrita. O que me chamou a atenção foi a consciência e o comprometimento com essas nuances, com os tons. Com todo o cuidado, Marcela me explicava: "Não, Renan, neste ponto da narrativa a intenção é mesmo expressar agressividade". Ou, ainda: "Neste trecho optei por inserir muito da linguagem falada, porque queria um tom de reflexão dialogada".

Esse intercâmbio de versões durante mais de um mês, a conversa por telefone, e-mail e comentários no próprio arquivo, reflete o comprometimento, a responsabilidade e o afeto da Marcela em relação a si mesma, a todos os momentos vividos antes, durante e depois do divórcio, mas também em relação a sua narrativa e ao público que irá ler. É muito importante ressaltar esses movimentos.

E o que seria de nós sem a música, sem a Gal Costa, sem o cinema e a literatura? Seriamos o mais completo aborrecimento, o sem sentido. E, da mesma forma, o cuidado com a espiritualidade do corpo e da mente. No Budismo a autora encontrou o apoio emocional e corpóreo para viver o divórcio.

Tudo isso nos mostra como essa obra é, ela mesma, pela mente e coração de sua autora, um permitir-se. Marcela se permitiu ser um poro vibrante em meio à luz e às trevas, em meio à alegria e à dor, em meio à confiança e a total incerteza. E como poro tudo se transparece em sua escrita, por meio da qual acompanhamos a sua evolução, os seus pequenos rituais cotidianos de encontro consigo mesma.

Celebremos o gesto e a coragem da Marcela. Celebremos o comprometimento e a responsabilidade. Celebremos as suas palavras.

Renan Camilo
Formado em Literatura pela Universidade de São Paulo e em Cinema pela Universidade Autônoma de Barcelona.

SUMÁRIO

PRIMEIRA PARTE
O PROCESSO 19
   1.1 Me dê motivo 20
   1.2 Terminou mesmo 34
   1.3 Deus é bom todo dia 48

SEGUNDA PARTE
E AGORA, JOSÉ? 61
   2.1 Lidar com o novo 62
   2.2 Meu nome é Gal 79
   2.3 Potência criativa 93

TERCEIRA PARTE
MAR ABERTO 111
   3.1 Amar outra vez 113
   3.2 Mar aberto 125
   3.3 Divórcio como trauma – narrar e renarrar 145

Primeira parte

O PROCESSO

Triste, louca ou má
será qualificada
ela quem recusar
seguir receita tal

a receita cultural
do marido, da família.
cuida, cuida da rotina

só mesmo rejeita
bem conhecida receita
quem não sem dores
aceita que tudo deve mudar

que um homem não te define
sua casa não te define
sua carne não te define
você é seu próprio lar

que um homem não te define
sua casa não te define
sua carne não te define

ela desatinou
desatou nós
vai viver só

eu não me vejo na palavra
fêmea: alvo de caça
conformada vítima

Prefiro queimar o mapa
traçar de novo a estrada
Ver cores nas cinzas
E a vida reinventar.

(Francisco, el hombre, "Triste, louca ou má". Solta as bruxas, 2016)

1.1 ME DÊ MOTIVO

Eu me divorciei oficialmente no segundo semestre de 2017, mas meu casamento havia acabado bem antes dessa data. Não sei se outros divorciados têm essa mesma clareza: eu me lembro exatamente do dia em que percebi o início do fim.

As coisas não iam muito bem em casa. Ou iam muito bem em alguns pontos. Talvez, a vida e os casamentos sejam assim mesmo: algo vai bem, algo não vai. Como identificar o equilíbrio dessa balança é o grande desafio. O fato é que um dia o caldo entornou para mim e não tinha mais volta. Lembro com uma clareza cinematográfica: era maio, eu entrei no nosso lindo apartamento após uma viagem de trabalho – meu então marido não estava em casa –, olhei para aquela sala que eu mesma havia escolhido, para a vista incrível que eu valorizava, para cada detalhe do meu *sweet family home*, as fotografias na parede, plantas, tapete colorido, e senti: "Isso aqui está muito errado. O que eu estou fazendo com a minha vida?"

A minha vontade naquele instante era pegar a mala de mão que eu ainda carregava da viagem, dar meia volta e sumir daquela casa, daquela vida. Era tudo tão estranho, tão equivocado... fiquei um pouco confusa, sentei no sofá para tentar entender aquela sensação. Logo me lembrei do filme *Comer, Rezar, Amar*, dirigido por Ryan Murphy, e da protagonista andando pela cozinha, dizendo algo como: "Eu não participei da escolha de cada um desses garfos que estão aqui? Por que, agora, eu não me reconheço mais?" Então tudo ficou um pouco cinza, e um misto de medo e certeza sentou sobre o meu corpo de um jeito irremediável: essa vida acabou Marcela, e agora? A nova e inevitável vida vai ser com esse marido ou sem esse marido?

Com o passar dos anos – e eu não sei precisar exatamente quando nem como, fui construindo um jeito de estar casada, de ser filha, mulher, adulta, professora, fui fazendo escolhas que me pareceram possíveis e adequadas. E bem ali, no meio daquela sala, em maio de 2017, com 34 anos, eu entendi que precisava redirecionar o rumo da minha existência. A Marcela que eu era ali, naquela perspectiva, não cabia mais em mim. A certeza, a clareza e a tranquilidade com que eu compreendi isso transparecia em meu corpo. Diversas vezes, nos meses que se seguiram àquele momento, meu então marido me dizia coisas como: "Eu não te reconheço mais, você não me olha do mesmo jeito. Parece que minha esposa foi trocada, eu quero aquela Marcela de volta". Mas já estava decidido: *eu* não queria mais aquela outra Marcela, de jeito nenhum.

De imediato, pensei que era possível reorganizar a Marcela com o mesmo marido. Foram cerca de 10 anos de relacionamento. Nós começamos a namorar ainda na graduação, atravessamos pós-graduações, empregos, mudanças – será que não dava para seguir mais adiante? Havia planos, projetos, nova cidade – será que não dava para reorganizar tudo isso juntos?

Eu tentei algumas vezes, reconheço que meu ex-marido também tentou, mas a verdade é que eu estava tão fatigada, tão desgastada. Sentia uma verdadeira gastura pelas possibilidades que aquele casamento então me oferecia. Sentia uma culpa e um remorso imensos. Como se deixa de gostar de alguém dessa maneira? Como é possível um amor acabar assim? Apesar desses sentimentos e questões, a verdade é que eu não encontrava absolutamente nada que me fizesse ficar. Nada.

É importante dizer, no entanto, que essa clareza e esse sentimento não diminuíram o amor, o respeito e a gratidão que senti nos meus anos de casada. Eu fui completamente apaixonada pelo meu ex-marido. Louca de amor. Sentia um orgulho imenso do nosso relacionamento, dele, de mim ao seu lado. Guardo lá no fundo uma sensação boa do nosso amor, da nossa história. Quando me é possível reconhecer a beleza daquele relacionamento, misturada com outras lembranças boas, sinto calma e gratidão.

É claro que durante o fim, e mesmo depois, sentimentos menos nobres, como pena, raiva e tristeza, invadiram meu peito, mas eles não alteraram em absolutamente nada o que senti, minhas memórias e o que guardo dos mais de 10 anos que estivemos juntos. Foi um período muito significativo, que me ajudou a ser quem eu sou hoje – e eu tenho muito orgulho da Marcela de agora.

Acontece que, às vezes, as coisas acabam. Os sentimentos mudam. Experiências nos transformam. Caminhos se abrem. Possibilidades. Escolhas. E naquele maio de 2017 eu decidi fazer um rearranjo na minha vida.

Acredito que um casamento se desfaz pela coincidência de vários motivos. Os relacionamentos, em geral, não acabam por uma única discussão ou um mal-entendido. Entre todas as razões que construíram o final do meu casamento, identifico um *turning point* desse processo: a decisão de sair de São Paulo.

Sim, eu participei ativamente de toda a construção dessa mudança. Eu concordei com os formatos, propus datas, encaixotei a mobília. Acontece que algo se quebrou nesse processo, e eu só consegui entender isso quando já estávamos em Brasília.

Havia um tempo falávamos de sair de São Paulo. Que a vida lá era cara, o trânsito, a poluição, o sonho pequeno-burguês de fazer o salário render e poder viajar todas as férias. Visitar o velho mundo uma vez por ano.

A família dele era da região do Cerrado, e havia também um interesse de estar mais próximo desse outro lado, pelo menos para revezar a proximidade que eu tinha até então com minha família. Tudo parecia se encaixar. Até que.

Em São Paulo, lembro claramente de sentir uma enorme paz depois de entrarmos em nosso apartamento no Butantã – finalmente havíamos concluído o processo de montar um lar que nos traria mais tranquilidade financeira. Ainda que esse imóvel fosse da minha mãe, era a realização de uma estabilidade que não havíamos experimentado antes. O processo de compra e reforma desse apartamento não foi exatamente tranquilo. Hoje vejo que isso influenciou de forma negativa a nossa relação. A onipresença de meus parentes, a falta de comprometimento que nós, enquanto casal, empenhamos no processo, dizem muito sobre a nossa relação. Mas essa é uma análise que eu consegui fazer posteriormente. Naquele momento estava tudo lindo.

Em meio àquela beleza e à calma que eu sentia, falei comigo mesma: agora é um bom momento para termos um filho. Mas eu só falei comigo. Quando tomei fôlego para botar para fora, meu ex-marido havia largado o emprego e decidido que iria se dedicar exclusivamente ao doutorado e a prestar concursos em outros estados. Concordei calada, porque era o sonho dele, a vida dele. E admirei sua determinação.

Esse período também não foi fácil para nós dois, porque mexeu justamente com os projetos pessoais e com as expectativas de um relacionamento a dois. Quanto e quais decisões precisam ser realmente compartilhadas? Eu não tinha essa resposta naquele período. E hoje tenho apenas algumas pistas.

A decisão da mudança de cidade mobilizou muito meu casamento, de diversas formas. Em primeiro lugar, porque se tratava de um projeto de vida, no caso, da vida dele: passar em determinado concurso, sair de São Paulo. E ter um projeto de vida e determinação para realizá-lo é maravilhoso.

Hoje, vejo com clareza como é importante ter metas, perspectivas, sonhos. Anualmente, passei a fazer caixas de desejos, mentalizar meus projetos do ano, as viagens que desejo realizar. Como fazia durante o mestrado, quando escrevia meus objetivos gerais e específicos por capítulo na parede, para que os olhasse periodicamente e não me perdesse no labirinto do conhecimento e da pesquisa acadêmica. É muito nobre ter algum rumo, objetos de desejo. Traçar perspectivas faz parte também do conhecer-se, valorizar sua potência, saber quem você é.

Eu decidi escrever um livro e vou concentrar esforços e tempo nesse projeto. Eu quero visitar minha prima que mora no exterior e vou evitar trocar de carro para direcionar meu dinheiro. Planos a gente consegue fazer quando está em paz ou, minimamente, com alguma tranquilidade emocional e financeira – talvez, até mais emocional do que financeira.

Quando vivemos só apagando incêndio, correndo contra o fim do mês ou contando as horas para o final da semana, não conseguimos ver além daquelas necessidades imediatas. Perde-se até a capacidade de deleitar-se com os pequenos prazeres, de curtir os momentos e colocar as necessidades em perspectiva. Fazer planos também tem a ver com acreditar em sua potência, qualquer que seja sua meta.

Além de escrever um livro, decidi fazer barra fixa livre. Sim, aquele exercício que as pessoas seguram uma barra e levantam todo o corpo. Acho lindo ir ao parque e ver os corpos sem camisa se movendo naquela barra. Essa meta não vai me trazer dinheiro, destaque social ou reconhecimento acadêmico. Apenas acho bonito e quero aprender, porque sei que sou capaz.

Quando meu ex-marido me disse que iria largar os empregos, porque seu projeto de vida era ser aprovado em um concurso até certa idade, enquanto fazia o doutorado, achei incrível. Audácia. Determinação. Crença no próprio potencial. Naquela época, eu sentia meio que vergonha misturada com medo de dizer o que eu queria, qual era meu projeto de vida. Eu fazia meus planos entre o apagar de um incêndio e outro.

Em 2019 foi lançado o filme *História de um Casamento* (título original *Marriage story*), de Noah Baumbach, que recebeu diversos prêmios e movimentou a cena cinematográfica por bons motivos. Não vou explorar todas as potencialidades desse filme no que se refere, por um lado, às discussões sobre divórcios, casamentos, relações humanas, atuação de advogados e, por outro, à própria narrativa cinematográfica. Quero chamar a atenção especificamente sobre um ponto: colocar os projetos pessoais em cima da mesa.

Uma das questões da personagem Nicole em relação ao seu casamento é que ela sempre desejou se mudar para Los Angeles, mas o marido, apesar de concordar frequentemente com a ideia, nunca havia movido um dedinho do pé ou da mão nessa direção. Ele, inclusive, havia negado uma oportunidade de trabalho naquela cidade em determinado momento do casamento. Outra queixa que ela faz, nesse sentido, é que embora desejasse ser diretora em vez de atriz, sentia que não encontrava espaço para essa realização. Durante uma acalorada discussão em que esses assuntos vieram à tona – refiro-me à cena no apartamento dele, em Los Angeles, já com o divórcio em andamento (como os atores Adam Driver e Scarlett Johansson fizeram essa cena tão magnífica? Não canso de me perguntar) –, ela o cobra por esses desejos não realizados ou promessas que não foram adiante, e ele responde: "Você não tem voz, você ficou escondida atrás da minha voz".

Nessa retomada que faço do filme, pode haver alguma sequência equivocada, mas o fato é que ele acusou a mulher de não ter voz, de se esconder atrás dele, de não pautar realmente nada que ela desejasse. Conversei sobre essa questão com várias pessoas. Frida – minha sábia amiga, que se divorciou duas vezes do mesmo marido e sobreviveu com altivez a ambas – pontuou com firmeza sobre essa fala: ele tem razão no filme, ela se escondia, nós somos os únicos responsáveis em dizer e fazer o que queremos. Não concordei com Frida na época, e continuo não concordando completamente.

Nicole, a personagem do filme, disse diversas vezes que queria se mudar para Los Angeles, e o marido sempre concordava. Só que ele aceitava da mesma maneira como concordava em trocar os móveis, algo hipotético, palavras ao vento. Será que ela não foi suficientemente clara? Não havia dito com a firmeza necessária?

Em 2011, ou 2012, não tenho certeza da data, eu estava no mestrado na Universidade de São Paulo (USP). Adorava meu tema de estudo, era aplicada, mas muito imatura, além disso, meu orientador não era o mais apropriado para aquele momento. Por vários motivos, acabei não conseguindo escrever a dissertação e fui desligada do programa após três anos de curso. Chorei muito, senti-me incapaz, incompetente, e só me confortei muitos anos depois, já no mestrado da Universidade de Brasília (UnB), quando descobri que começar uma pós-graduação e não terminar era algo bastante comum, isso não tornava as pessoas seres humanos repulsivos.

Nesses anos de mestrado na USP, eu já era professora da rede pública. Hoje, mais de 10 anos depois, eu teria conseguido conciliar aquela rotina e finalizar a dissertação, mas naquela época, não. Durante um tempo, achei que meu ex-marido também tinha responsabilidade por aquele meu fracasso: por não ter me apoiado emocionalmente, por ter convidado uma visita para se hospedar em nossa casa quando eu precisava de silêncio, por não ter se oferecido para assumir mais contas se eu sentisse necessidade de me afastar do trabalho, por ter decidido organizar uma viagem para Buenos Aires quando eu só desejava usar minhas férias para ficar sossegada escrevendo. Nada disso justifica a minha escolha em desistir de escrever, mas eu sentia que ele também era parte desse fracasso, só que eu, como a personagem Nicole, não falava sobre o que eu sentia, o que eu queria fazer e quais projetos eram realmente decisivos para mim.

Eu desisti do mestrado por inúmeros motivos, e a responsabilidade foi só minha. Ainda que eu não encontrasse o apoio que desejava em meu casamento, a escolha foi totalmente minha. Hoje, lateja em minha cabeça as palavras que a monja Kakuzen[2] repete com tanta firmeza: "Não terceirize sua vida. Você é totalmente responsável pela sua vida". O poder de escolha, de fala, não está no outro, está em mim – por isso, a percepção da minha amiga Frida faz tanto sentido, ainda que eu não concorde ser essa a situação do filme *História de um Casamento*.

Voltando ao filme e à pauta sobre a decisão de mudar de cidade, a personagem Nicole verbalizou seu desejo de morar em Los Angeles, e o então marido proferiu palavras de concordância – só que ele não considerava essa fala como um compromisso.

---

[2] Aida Kakuzen é a sensei responsável pelo Zen Brasília. Recebeu a Transmissão do Darma de Dengaku Sensei (Rio Grande do Sul) em 2019, e vive no Planalto Central, orientando os interessados a conhecer o caminho do zen.

Houve dificuldade de dialogar sobre qual projeto era pessoal e qual era do casal. Prestar um concurso e ir morar em outro estado são decisões que precisam ser tomada a dois? Eu acreditava que a decisão de pedir demissão e focar em concursos era dele, não cabia a mim interferir; no entanto, eu também acreditava que deveria, sim, interferir na escolha da cidade, pois eu precisava me sentir bem nesse novo lugar, além disso, não concebia a possibilidade de estarmos casados vivendo em cidades diferentes. Por fim, sinto que atuamos como o casal do filme, em que palavras e desejos eram ditos, mas não havia muito compromisso um com o outro.

Sinceramente, não consigo dizer quem estava certo ou errado, nem naqueles meses, nem hoje. Eu só tenho certeza de que não tínhamos a habilidade de dialogar sobre determinadas questões, e isso era um problema. Dialogar, para mim, é ter empatia pelo outro e por suas diferenças.

Durante muito tempo me senti sufocada, com pouco espaço para os meus projetos pessoais. Impus-me uma responsabilidade pelas questões materiais, por deixar o lar lindo e confortável (porque isso era importante mesmo para mim). Sentia que, se eu não me movimentasse para ir até o supermercado, lavar as roupas, fazer contas, o mundo iria desabar.

Essa mesma questão apareceu lindamente no filme brasileiro *Como Nossos Pais*, dirigido pela Laís Bodanzky e lançado em 2017. Durante uma discussão em meio a uma crise conjugal, Rosa diz para o marido, que é antropólogo: "Você viaja a hora que quer, sai para fazer suas pesquisas quando tem vontade, e eu seguro essa casa toda aqui, com duas filhas". Rosa está tão cansada, de tantas coisas, que leva um tempo para entender exatamente onde e como movimentar a sua vida. Senti uma paz infinita quando, na ocasião do lançamento desse filme, meu ex-marido me ligou e disse: "Acho que esse filme também diz muito sobre nós, sobre o nosso casamento".

Por que as mulheres assumem responsabilidades da vida prática de uma forma irremediável? Será um instinto de sobrevivência? Superproteção com os seus?

Dentre os momentos tensos que a minha amiga Onete compartilhou comigo sobre o seu divórcio, um foi bastante marcante para mim. Pouco tempo depois do final do seu relacionamento, ela precisou desfazer-se de um terreno que havia comprado com o ex-marido. Essa venda foi realizada de forma apressada, por um preço ruim e pressão do ex-marido, interessado em resolver algum outro negócio. Nunca vou me esquecer do olhar da Onete quando me contou sobre essa venda, com um misto de tristeza, decepção e raiva: "Eu deixei de fazer tantas coisas para pagar esse terreno na época em que compramos, deixei de cuidar dos meus dentes, trabalhei mais do que queria, porque era importante para ele. Agora, vou ter que vender assim, de novo, para ele resolver o que acha ser importante, na hora que ele quer".

Não acredito que seja uma regra a mulher assumir a função de arrimo do casal. Conheci mulheres que não sabiam como lavar uma roupa nem tinham ideia do preço do papel higiênico que consumiam em seus próprios lares. Ainda assim, acumulei mais narrativas sobre uma balança da vida prática que pesava muito mais para o lado da mulher.

Em um casamento, sempre podemos justificar a não realização de projetos pela falta de apoio do outro. Como dosar e dialogar sobre o que é importante para mim, para o outro e para o casal?

Durante alguns bons meses, essa questão me atormentou. Naquele período eu estava tentando começar um namoro e ficava atenta – talvez, até demais – para não repetir os mesmos erros de meu relacionamento anterior. Como tenho hábito de fazer quando uma questão me atormenta dessa maneira, comecei a observar casais, ler sobre o assunto e questionar conhecidos. Tenho uma prima com um relacionamento lindo, que atravessou países, casas e cidadanias. Gosto de conversar com ela sobre pequenos desafios de um casal. Naquela época, ela compartilhou comigo uma estratégia de harmonia conjugal: "Quando temos um dinheiro extra para receber" ela me disse, "sentamos à mesa e conversamos sobre a expectativa de cada um para aquela renda, então buscamos um consenso". Achei tão bonita essa imagem, que fiquei imaginando os dois, com uma xícara de café na mão, um jardim iluminado ao fundo, falando tranquilamente sobre projetos e sonhos possíveis. Gosto muito da resposta que uma professora de uma das escolas onde trabalhei certa vez me deu: "Nem tudo é do casal, nem todas as decisões são feitas a dois, é importante que haja espaço para o individual". A receita dessa medida, entretanto, nem minha prima, nem essa colega me deram.

O que entendi desse dilema é que o casal precisa construir uma rotina de diálogo, que não significa necessariamente ter a mesma opinião sobre tudo, mas criar um espaço em que seja possível expressar os projetos pessoais, os desejos para o relacionamento, e que haja uma escuta atenta e responsável aos anseios de cada um.

A mudança para Brasília foi um divisor de águas no meu casamento, porque desnudou tensões que em São Paulo estavam encobertas. Parece que, de certa forma, havíamos conseguido em Brasília uma suspensão da fase de apagar incêndios. Havia fôlego – financeiro, emocional e mesmo de tempo – para perceber o que estava acontecendo conosco.

Após sair de São Paulo, vi-me longe da presença onipotente da minha família, sem ter que correr de um trabalho a outro, pegar a linha vermelha do metrô em horário de pico duas vezes por semana. De repente, senti-me livre e calma para olhar de frente o que havia ao meu redor. O budismo foi central nesse movimento, porque em Brasília foi também onde eu consegui me engajar em uma sangha[3] e aprender a vivenciar o presente e a transitoriedade das coisas.

Quando comecei o exercício de encarar com sagacidade e calma a minha vida, os meus projetos e a relação que havia construído a dois, vários pedestais ruíram, com avisos de incêndio cada vez mais alarmantes.

No réveillon de 2016 para 2017, um casal de amigos em comum havia se separado recentemente. Eles haviam começado a namorar na

---

[3] A Sangha é uma das três joias do budismo, ao lado de Buda e do Dharma. Ela representa a comunidade, a força da prática coletiva e do caminho percorrido em conjunto pelos praticantes leigos e preceitados de determinado grupo comprometido com um monge orientador.

mesma época que meu ex-marido e eu, nós quatro havíamos passado por muitas experiências juntos, e aquele término colocou algumas certezas em perspectiva. A separação desse casal trouxe um enorme burburinho no grupo de amigos, porque eles eram, de certa forma, vistos como "inseparáveis" – um pouco como meu ex-marido e eu parecíamos e nos sentíamos. Maria e João, vou chamá-los assim, eram quase que uma identidade única, inabaláveis à passagem do tempo e às ondas da vida. Quando eu recebi a ligação da Maria me contando sobre a sua saída de casa, lembro que uma das coisas que senti foi: então, isso é possível? É possível que um casal assim acabe?

Naquele réveillon, por uma dessas lindas casualidades, passamos a virada com ela e o dia primeiro de janeiro com ele. Estávamos todos em Ubatuba, como habitualmente fazíamos nessa época do ano: minha mãe, meu ex-marido e alguns convidados na casa de praia. Maria passou o dia 31 conosco, e João estava com um grupo de amigos em uma praia próxima, aonde meu ex-marido e eu combinamos de ir no dia primeiro. Sou supersticiosa com essas datas e confortou-me a ideia de começar o ano com uma bela caminhada, paisagens naturais e almoço na praia com amigos.

A pauta do momento, claro, era a separação. Maria estava destroçada por dentro, pelo esforço da saída, pelas mil satisfações sociais necessárias para justificar o término do casal modelo, em ter que encontrar o ex no ambiente de trabalho e lidar com a mudança de status de esposa para amiga – mas estava plena e feliz. Segura, em paz consigo mesma e com a decisão que havia tomado. Irradiava um brilho próprio, que só os recém-divorciados conseguem encontrar no meio do caos que é um divórcio.

A maneira como meu ex-marido lidou com aquela situação me incomodou demais. Olhando para trás, nos meses que antecederam minha saída de casa, reconheço o quanto aquela separação e aquele réveillon foram marcantes. Não importa tanto o que ele disse ou como reagiu, o fato é que dentro de mim se acendeu uma luz que dizia: será que eu realmente quero estar casada com essa pessoa?

É claro que essa percepção foi resultado muito mais de um desgaste, de um processo, do que de alguma fala pontual. Recuperando aquelas férias em minha memória, mal consigo lembrar quais certezas ele teria verbalizado sobre a situação de nossos amigos, mas tenho cristalina a minha sensação de distanciamento e de, pela primeira vez em muitos anos, ter me questionado se era com aquele ser humano que eu desejava estar.

Tenho as fotografias dessa viagem até hoje. Estávamos todos tão bonitos. Às vezes, custa acreditar que era o último réveillon que passaríamos juntos. A última viagem para aquela praia que gostávamos tanto, onde crescemos como pessoas e nos transformamos. A vida é mesmo muito curiosa, e fico pensando, ao revisitar aquelas fotografias, como seria se soubéssemos da finitude dos momentos e das relações que nutrimos.

Outra ocorrência foi particularmente marcante naquele início de 2017. Por conta da minha pesquisa de mestrado eu precisava ir a São Paulo algumas vezes, fazer entrevistas nas escolas da rede pública municipal. Aquela rede onde eu trabalhei por vários anos, nos lugares que escolhi, da forma como acreditava ser correto. Minha entrada na rede municipal de São Paulo havia sido uma decisão que tomei de maneira absolutamente autônoma, com a tranquilidade de que esse era o meu caminho. Tive crises, claro – salário ruim, problemas do funcionalismo público, ser educadora em um país que desprestigia frequentemente seus docentes –, mas era o meu trabalho, minha escolha. Esse lugar que construí para mim em meio aos percalços, desafios, problemas e alegrias que fazem parte das escolhas profissionais. Voltar para esse espaço, como pesquisadora, após ter sido obrigada a exonerar-me do meu cargo, foi como entrar dentro de um incêndio.

Eu claramente não queria ter saído daquele lugar, mas, por imaturidade minha e do meu então marido, sentia que estava em um beco sem saída, em que só me restava a exoneração. Nós definitivamente não conseguíamos dialogar sobre esse assunto. Percebi, então, que estava sozinha para lidar com a angústia da decisão que não queria ter tomado ou, pelo menos, que queria ter construído de outra maneira.

Quando comecei minha pesquisa de campo do mestrado e coloquei os pés na primeira escola, naquele início de 2017, eu imediatamente senti: essa é você, Marcela, essa é você. Não tenho muita ideia de como funciona a incorporação de espíritos e outras manifestações de contato com o transcendente, mas a sensação que tive ao pisar no chão daquela escola foi como se eu tivesse me recebido de volta de algum além. Parecia que eu tinha sido inundada de mim mesma de novo. De repente, senti a mesma força daquela Marcela que saíra jovem do interior para estudar História e morar na capital, que havia escolhido ser professora em meio a tantas outras profissões possíveis, que havia enfrentado tantas chuvas, angústias e encarado de frente a escolha profissional e uma nova cidade para morar.

Foi então que eu me lembrei de mim, de quem eu era, do que me movia, e percebi que em Brasília eu estava perdida. Não se tratava de voltar para São Paulo, prestar o mesmo concurso e voltar àquele lugar ou tentar recuperar um caminho, como quem atravessa uma via de terra para virar o carro na contramão de uma via expressa. Era a necessidade de redirecionar meu rumo, de olhar para mim, para minha força, da mesma maneira que eu havia feito tantos anos atrás, quando havia escolhido estudar História e ser professora na rede municipal paulistana.

Enquanto eu conversava com aqueles diretores – alguns, inclusive, formados em História, como eu, na USP, como eu –, parecia que eu me reencontrava neles também. Eu me via naquela paixão, naquele sotaque, naquele projeto que outrora também fora meu. Reencontrei, por acaso, colegas de curso e de profissão, e, nos corredores das escolas, reencontrei-me comigo. Depois daquela semana, não havia mais como me perder de novo.

A mudança foi tão nítida, que meu ex-marido imediatamente percebeu que eu havia voltado diferente de São Paulo. Ele me interrogava exaustivamente sobre o que havia acontecido naqueles dias, quem eu havia encontrado, vasculhava minhas redes sociais e meu cartão de crédito em busca de respostas, mas só o que havia era eu mesma, voltando a ser quem eu queria ser e quem eu havia me esquecido ser.

Sair daquele lugar, daquela maneira, custou meu casamento. Foi como uma explosão sem volta. No início de 2017 sentia que havia desistido de tanta coisa, havia aberto mão de tudo que podia e, ainda assim, não era suficiente, não encontrava paz, não encontrava espaço para ser eu mesma, nem para crescer, nem para amar. Nós dois havíamos construído uma relação sufocante, controladora, competitiva, que estava desgastada até o limite. Reconhecemos depois, a duras penas, que nosso casamento deveria ter terminado alguns anos antes, para o bem de ambos. Foi uma pena não termos tido a maturidade de reconhecer isso no momento oportuno.

Sou muito grata por algumas falas do meu ex-marido. Ao reconhecer finalmente que havia sido desrespeitoso em relação ao meu trabalho, e já quando o caldo do divórcio claramente transbordava em nosso lar, ele me disse: "Você pode trabalhar em um cemitério, se quiser, eu nunca mais vou interferir da mesma maneira em suas escolhas profissionais". Minha vontade naquele momento era responder com toda a sinceridade: "Parabéns, amigo. Essa lição você pode levar para seu próximo casamento, porque esse aqui, definitivamente, não tem mais jeito".

O último mês, antes de eu sair de casa, foi terrível. Era uma dor incomensurável, porque eu já não sentia mais nada por aquele lar, aquele lugar, eu só pensava em ir embora, mas não sabia como. Era uma tortura ver o sofrimento da pessoa que estava ao meu lado e não saber como confortá-la. Eu não tinha mais nada dentro de mim para dar por aquela relação.

Naquele período usei diversas vezes uma metáfora que até hoje reconheço como certeira. Eu me sentia tão cansada, exaurida, como se tivesse nadado em um rio turvo com uma forte correnteza, lutado com todas as minhas forças para não me afogar e chegar até a margem do rio. Só que, quando eu finalmente respirava o ar e me via deitada, aliviada naquela margem, meu casamento e aquela pessoa que era meu marido estavam do outro lado do rio, na outra margem. E eu havia nadado tanto para chegar até a margem onde estava, que não restava mais nenhuma força para voltar. Eu olhava para eles lá longe, na outra margem, via o rio que nos separava, lembrava do tanto que eu havia nadado e não sentia desejo de colocar nem a unha do meu dedão no rio de volta. Foi terrível. Eu só sentia um misto de tristeza, dor e muita certeza de em qual margem eu queria estar.

Hoje, penso que aquela saída de casa foi como na música *Me dê motivo*, do Tim Maia: "Estou indo embora, não faz sentido ficar contigo, melhor assim". Eu não conseguia ver nada que me fizesse permanecer naquele lugar. Nossa história era passado, os projetos que pensei serem nossos não tinham sustentação, eu havia me perdido e me reencontrado. Eu já não tinha mais motivos para ficar.

1.2 TERMINOU MESMO

Quando eu saí de casa, da maneira como saí, sabia que naquele momento meu casamento havia oficialmente acabado. O término de uma relação não precisa estar vinculado a papéis, são alguns episódios que marcam o fim. Eu já sabia que meu casamento estava com os dias contados, que eu não queria mais aquela relação nem tentar construir outra com a mesma pessoa, mas a sensação e a certeza do fim vieram à tona quando peguei minha mala e saí da nossa casa.

Estávamos em São Paulo quando da conversa definitiva, ele voltou primeiro para Brasília, eu fui depois, mas antes mesmo de chegar à cidade recebi um prazo um tanto bizarro para deixar a casa naquela ocasião, em especial pelas minhas circunstâncias pessoais. Não questionei, pois queria tanto quanto ele sair daquele lugar, além disso, para preservar a saúde mental de ambos, nós precisávamos colocar um ponto final naquele sofrimento. Desde as primeiras conversas sobre o fim do nosso casamento, eu assumi a postura do lado que iria sair de casa. Não foi uma escolha racional, apenas instintivamente entendi que a mudança do apartamento deveria ser minha.

A saída não foi exatamente fácil. Quando percebemos que não havia como remediar nossa relação eu era bolsista de mestrado, não possuía rendas adicionais e tinha um círculo restrito de amigos em

Brasília. Nessas condições, as ferramentas para mudar para outro lugar eram um tanto limitadas. Limitadas, mas não impossíveis.

Sou uma pessoa prática, não costumo me intimidar com desafios materiais. Minha primeira reação ao receber um prazo de cerca de 10 dias foi agilizar contatos e visitas em apartamentos e quartos nos mais variados bairros. Mesmo me sentindo uma guerreira em busca pela sobrevivência e disposta a mudar meu padrão de vida, percebi que precisava de mais tempo. Eu precisava de mais tempo, porque o mercado imobiliário tem um *timing* próprio e porque eu não tinha dinheiro sobrando. Eu não tinha como comprovar renda, apresentar um fiador, pagar uma caução, enfim... sem falar na insanidade que é alugar um imóvel em Brasília – quem já passou por isso nessa cidade, sabe do que estou falando.

Então, ousei ser firme, como raras vezes fui naquela relação. Disse que não iria sair correndo para qualquer canto só porque ele achava que dia X deveria ser o dia da minha saída. Mantive a calma, reforcei que estava procurando, mas algumas questões, como cartório, banco, não avançam exatamente no ritmo que queremos. Lembro também, com uma clareza cinematográfica, de dizer que eu já havia saído correndo da minha casa uma vez e que não iria fazer isso de novo. Em última instância, eu não tinha a menor necessidade de ir morar em um lugar qualquer, onde não me sentisse bem.

A mudança de São Paulo para Brasília no ano anterior havia sido tensa. Eu claramente não queria ir e precisava de mais tempo para me organizar. Ele se mudou primeiro, quando foi chamado no concurso, portanto, moramos em estados diferentes por quase um ano. Foi um período esquisito. Lembro-me de tomar café ou uma taça de espumante sozinha na varanda do meu apartamento no Butantã e sentir uma paz que há anos não sentia. Ao longo desses meses me reaproximei dos meus amigos, voltei a frequentar lugares de que gostava, descobri-me tranquila nas tardes de domingo sem a companhia do meu marido. De repente, minhas contas ficaram organizadas, o lar se encontrava em uma ordem natural, com flores, e, quando uma luz começava a acender dentro de mim sobre os possíveis motivos dessa surpreendente tranquilidade, o marido chegava para a visita periódica. Numa das vezes em que voltou, ele mesmo se espantou com a maneira como o apartamento estava diferente, arrumado com delicadeza.

A verdade é que naquele período eu praticamente não sentia falta dele, da loucura que era nossa rotina antes da sua saída. Era estranho estar só, depois de tantos anos conectada 24 horas por dia à outra pessoa, sentindo-me obrigada e obrigando o outro a uma onipresença física e emocional. Era estranho, mas era calmo, como se a Marcela ansiosa e controladora só existisse dentro daquele casamento, não fosse algo inerente a mim.

Nem por um segundo pensei, naqueles meses, em me separar ou ficarmos em cidades diferentes além do estritamente necessário. Para mim, naquela época, meu casamento ainda era um status inabalável, inquestionável, e a gente deveria morar juntos para todo o sempre. Ainda assim, pela primeira vez, desejei que ele se envolvesse com outra pessoa. Logo que ele se instalou no novo emprego, fez amizade com uma professora, também solitária na cidade. Como tinham muito em comum, tornaram-se amigos e viajavam juntos com frequência. Nunca senti ciúmes, e desejei sinceramente que eles transassem, tivessem um caso ou algo assim, porque achava que isso seria bom para ele, importante emocionalmente, talvez até contribuísse para melhorar nosso casamento. Engraçado que tempos depois, quando já estávamos nos separando, ele despejou com raiva o desejo de ter ficado com aquela mulher, que conteve porque éramos casados. Achei engraçado pois ele se sentia contando uma grande novidade, mas eu já havia entendido a situação muito antes. Não adianta, as mulheres sempre sabem quando há outra sendo desejada no mesmo espaço.

Logo que começamos a nos separar, eu percebi que, quando um lado do casal deseja sinceramente que o outro lado se envolva com alguém diferente, é sinal de que o casamento não está exatamente bem. Na época, acho que eu estava em um coma emocional, porque não questionei a minha tranquilidade em fazer votos para que meu marido se abrisse para outra mulher, pelo contrário: eu acreditava do fundo do meu coração que seria muito bom e importante para ele ter essa experiência.

Os períodos de calmaria, em que estávamos longe um do outro, eram interrompidos por suas visitas, que ele aparentava ansiar mais do que eu. Eu achava que deveríamos economizar o dinheiro dessas viagens, que ele poderia usar os finais de semana para concluir o doutorado, e confesso que ficava sem paciência em ter que buscá--lo no aeroporto. Sempre que uma luz começava a acender para iluminar esses sentimentos desencontrados, meu marido chegava, e a luz sumia. Eu não conseguia elaborar nada do que meu corpo estava tentando me dizer e lamento - por nós dois - já não termos nos dado conta do declínio do amor que ainda achávamos existir.

Talvez ele até tivesse começado a sentir esse distanciamento, quem sabe de uma forma inconsciente. Penso que isso possa justificar as pressões emocionais e cobranças nas semanas que antecederam minha ida definitiva para Brasília. Naquele período, a cada passo hesitante que eu dava ou a cada pedido de mais prazo, ao invés de me tranquilizar, ele me pressionava e ameaçava com algumas mensagens, como "Estou olhando um apartamento só para mim", "Você tinha que estar aqui comigo, e não está!", "Você tem que sair daí, deixar esse emprego de uma vez por todas", "Você não acredita no nosso casamento", "Não dá para ficar com um pé aí e outro aqui", e outras frases inspiradoras como essas. Hoje, fico pensando que eu deveria ter mandado meu então marido para a puta que o pariu, que pegasse essa cidade de merda e enfiasse no cu, junto com o concurso que havia conquistado, e fosse ser feliz em uma cachoeira maldita qualquer no meio do Planalto Central.

Por fim, mudamos em janeiro, uma época que se mostrou bastante propícia, porque consegui finalizar minhas atividades na pós-graduação e no ano letivo escolar. Simbolicamente, iniciamos 2016 na estrada rumo a Pasárgada.

De todo o meu coração acreditei que Brasília seria nossa Pasárgada, que naquela cidade seríamos mais amigos, dormiríamos em uma casa nova escolhida por nós dois, andaríamos de bicicleta, tomaríamos banhos de cachoeira e, como ensinou Manuel Bandeira, iniciaríamos ali uma nova era. Acreditava que todos os nossos problemas iriam desaparecer em Pasárgada, que teríamos uma rotina inteiramente nova da anterior, e que os motivos pelos quais costumávamos nos desentender não viajariam conosco. Ainda me surpreende como posso ser, simultaneamente, tão prática e romântica.

Em meados de agosto de 2017 e em meio a discussões sobre o fim do nosso casamento, ao dizer para meu então marido que eu talvez precisasse de um prazo maior para conseguir me organizar e sair do apartamento e que, se ele tivesse tanta pressa assim, poderia sair para que eu pudesse ficar um pouco mais, sua reação não foi exatamente acolhedora. Não o julgo, porque acredito que lidamos com a vida a partir das ferramentas que temos. Ele deu o que tinha, o que podia, mas tratar daquela maneira uma pessoa com quem havia vivido uma década junto, de quem havia recebido, literalmente, um lar nos momentos de infortúnio, só me deu mais forças para não olhar para trás.

Talvez eu tenha uma dose excessiva de compaixão em meu corpo, talvez o mundo dê voltas, e eu me encontre em uma situação em que também me surpreenda com a minha reação, mas fato é que a maneira como precisei sair daquele apartamento, com tal pressa e sob palavras de ordem, como "Você não cumpre nada do que diz", "Você não dá conta de você mesma", "Você não sustenta as suas posições", pareceu-me um pouco desmedida para a ocasião. Naqueles dias, ainda ouvi da minha própria mãe que, além de não ter lugar para mim em sua casa, meu ex-marido estava coberto de razão em tudo o que dizia.

Parecia que eu pairava sobre aquele clima tenso do apartamento. Eu precisava terminar um mestrado, conseguir um emprego e uma casa. Só conseguia pensar em sobreviver – emocional e materialmente. De certa forma me fechei para o sofrimento que rondava. Eu mentalizava a todo instante: só tenho o plano A e ele tem de dar certo. Não havia exatamente muitas escolhas. No final das contas, a pressa do meu ex-marido mostrou-se oportuna: era sofrimento demais estarmos juntos naquele apartamento depois da conversa definitiva, e, de um jeito ou de outro, as coisas se encaminharam.

Quando O prazo estava perto do fim, de tudo o que vi e que me foi possível cogitar como moradia, sobrou um quarto em uma casa na W3. A localização era boa, o preço cabia no meu orçamento, podia manter o carro, e a dona do imóvel era de um grupo feminista superbacana. O que me doía naquela possibilidade era não ter espaço para cozinhar, porque o quarto estava conectado à casa de uma família completa, e eu ficaria com acesso limitado às áreas comuns, como a cozinha e a sala. Sabia que seria algo provisório, e isso também me incomodava porque teria de articular duas mudanças em um espaço curto de tempo. Eis que.

Eis que estava sentada em minha cama (meu ex-marido e eu já dormíamos em cômodos diferentes há alguns meses), refletindo sobre aquele quarto e os outros lugares que havia visto, mensurando espaço, contas e contatos, quando lembrei de uma pessoa. Vou chamá-la de Vitória. Havíamos nos encontrado duas ou três vezes em um grupo de estudos na UnB e, durante um almoço, ela casualmente me contou que estava no meio de um divórcio tenso. Naquela ocasião, meu status era "em crise, segurando a onda" e quando ela me enviou uma mensagem dias depois perguntando se eu topava morar com ela, desconversei. Após alguns meses, naquele momento em que eu precisava tomar uma decisão sobre minha saída de casa, instintivamente peguei meu celular e escrevi para Vitória: "Oi! Ainda está procurando alguém para dividir apartamento? Topo ir para qualquer bairro!"

Nada é por acaso nesta vida. Não sei dizer qual entidade sobrenatural colocou Vitória no meu caminho. Sua existência transformou-me de tal maneira, que não consigo imaginar ser quem eu sou hoje sem pensar nela. Vitória era humana, como eu, o que significa dizer que sentia medo e força, que lutava e se cansava e, acima de tudo, mostrou uma potência feminina que eu nem imaginava ser capaz de existir.

Como momento simbólico da transformação que ela provocou em mim, destaco uma conversa que tivemos sobre um edital para participação em congressos fora do país, como alunas da UnB, que ambas havíamos sido contempladas: eu com um valor abaixo do máximo permitido, e ela com o máximo. "Marcela, tem que pedir sempre o máximo, porque a gente gasta com passagem, hospedagem, deslocamento, é assim que funciona", Vitória me ensinou. Eu não achava que podia pedir o máximo, para nada, nunca. Até então, eu só me permitia o mínimo. Eu me sentia castrada o tempo todo, por mim e pelos que estavam ao meu redor, e acreditava que só podia pedir o mínimo, o item da promoção, o que valia a pena na ocasião, escolher algo porque era uma oportunidade para aproveitar. Quando conheci Vitória, eu estava pedindo licença ao mundo para existir, desculpas por estar viva. Naquela conversa com ela, as coisas começaram a mudar dentro de mim.

Vitória me ensinou a pedir o máximo, a desejar o melhor, a acreditar que eu merecia e podia mais neste mundo. Que eu podia comer banana frita com doce de leite todas as noites, se quisesse. Que eu podia tomar duas bolas de sorvete com cobertura todos os domingos. Que eu podia ser vegana e, mesmo assim, comer quibe uma vez ao mês, aceitar um convite para ir a um restaurante e só tomar um suco. Que eu, simplesmente, podia fazer o que eu quisesse da minha vida, do meu corpo, porque não havia problema algum, ninguém tinha nada a ver com isso. O bem que esse ser humano me fez, não consigo mensurar. Além dessa potência, Vitória me ensinou que a amizade e a convivência podiam ser leves, que partilhar não significa possuir, e que os amigos não precisam ser perfeitos nem concordar com tudo o tempo todo.

Eu reconstruí minha autoestima na convivência com ela. Aprendi que tudo bem precisar do outro, que mutuamente podemos nos ajudar, que não há melhor ou pior, forte ou fraco, mas, sim, movimento(s). Finalmente, ter alguém contigo no barco da vida é bom demais. Nunca vou me esquecer da alegria que irradiava de nossos corpos quando nos mudamos para nosso apartamento. Moramos juntas cerca de 15 meses, e eu guardo um carinho tão intenso desse período que até hoje, anos depois, quando me vejo próxima ao apartamento que dividimos, meu coração infla de alegria. Por ter podido compartilhar minha existência com uma pessoa tão maravilhosa, por ter podido me transformar com essa amizade. Se eu tivesse dinheiro naquele momento para alugar um espaço sozinha, teria perdido essa oportunidade. Hoje, olho para as presenças de outra maneira, aprendi a valorizar a convivência e a compreender as limitações financeiras com muito mais calma.

Quando enviei aquela mensagem para Vitória, sabia que não conseguiríamos mudar na velocidade que meu ex-marido havia pautado. Expliquei a situação a ela, e Vitória me recebeu em sua casa "como uma amiga". Disse-me: "Fique o tempo que precisar, enquanto vemos o apartamento". Eu sabia que essa era a solução mais sensata, dentro das nossas possibilidades, porque dividir um lar não é exatamente fácil. Teria sido um tanto ousado alugar um apartamento sem termos convivido antes.

Até hoje admiro a sua generosidade naquele período, em me receber com duas malas na mão, depois de um almoço e meia dúzia de mensagens de texto. Sou eternamente grata por ter me acolhido em sua casa naquela situação. Eu poderia ser uma louca, ter roubado seus rins, envenenado seus cachorros, matado suas plantas, rasgado seus livros, mas ambas decidimos simplesmente seguir nossos instintos e acreditar que aquele era o caminho correto. Depois de uma semana eu tinha certeza absoluta de que daria certo. A gente só precisava de um pouco de tempo, e isso nós tínhamos o quanto quiséssemos.

Enquanto eu dirigia até a casa da Vitória, falei com minha mãe ao telefone, ela disse algo como "Você está acabando com o seu casamento, está percebendo isso?" Não lembro o que respondi, mas lembro que senti a verdade: pois é, mãe, parece que isso é um divórcio, parece que eu saí de casa justamente porque meu casamento acabou.

Os dias que se seguiram foram um misto de alegria, leveza, medo e raiva. A alegria e a leveza eram infinitas. Eu não tinha nenhuma dúvida do que estava fazendo, da hora de tomar cada iniciativa – não hesitei por um segundo sequer em relação à separação.

Seguir o meu instinto foi algo que comecei a aprender naqueles dias. A mulher selvagem dentro de mim havia despertado e estava junto comigo. Por mais medo que pudesse sentir, eu tinha certeza de que o caminho estava correto. Ao mesmo tempo, chorava constantemente de raiva, raiva de mim mesma, por ter me colocado naquela situação: estar em uma cidade longe de tudo que me era conhecido e amado para manter uma relação que já não fazia o menor sentido para mim. Por ter me iludido por tantos anos e me forçado a tomar decisões em nome de uma aparente estabilidade emocional e social.

Foi um período de consideráveis mudanças físicas. A primeira no meu cabelo e, logo, no meu corpo: liberei meus cachos e me desfiz de quilos desnecessários. Eu criei uma nova rotina alimentar, claro, mas foi mais do que isso – essa Marcela tinha uma outra aparência. O meu tom de voz também foi sendo moldado, e, quando me dei conta, falava de outro jeito. A última mudança física foi na minha postura: depois que assinei o divórcio no cartório, nunca mais andei pelas ruas curvada ou olhando para baixo.

Foram transformações que partiram de dentro de mim, mas muitas pessoas me ajudaram nesse processo. Acolheram-me com seu carinho, escuta e exemplo. Simplesmente, na convivência com elas aprendi a ser eu mesma de novo.

Uma convivência decisiva nesse período foi com Vadinho – vou chamá-lo assim, por referências óbvias. Conheci Vadinho quando estava no início da graduação em História e me apaixonei perdidamente. Ele era um pouco mais velho, seguro de si, tinha um salário melhor do que o meu e trepava loucamente bem. Naquela época eu já havia aprendido a arte de gozar livremente, praticar sexo de maneira pornográfica, e adquirido a habilidade necessária para sentir tesão com quaisquer parte e orifício do meu corpo. Vadinho e eu tivemos uma química ótima e, depois de uma década, quando nos reencontramos, foi fácil reestabelecer a conexão física que sentíamos quando adolescentes.

Talvez, ao ler acima que ele tinha um salário melhor do que o meu, possa parecer estranho, pensando o status quo em relação às disparidades salariais entre homens e mulheres. Sim, é estranho! Mas, aqui, gostaria de pontuar como isso ainda pode influenciar as mulheres e, principalmente, expor uma autocrítica de como eu, também, sucumbi em alguns momentos a esses parâmetros e a essa masculinidade clichê.

Vadinho foi a primeira pessoa que me fez lembrar de mim. Se em São Paulo, quando coloquei os pés naquela escola, senti que me reencontrava e reconectava comigo novamente, foi com ele que senti minha energia e potência voltando para o mundo. A antropologia corrobora que somos seres interdependentes. Na alteridade e na convivência com o outro tornamo-nos nós mesmos. Em última instância, precisamos de outro ser para nos reconhecer. Eu precisei de muitas pessoas para me reconhecer, reconstruir uma identidade e, quando fiquei segura e entendi que não precisava mais do outro para saber quem eu era, foi uma libertação.

Vadinho foi a primeira pessoa a me alertar algumas coisas – ou, talvez, o primeiro que ouvi, depois de tantos anos. Independentemente do sexo, nós tínhamos uma intimidade que só os amigos sinceros têm, com ele não havia máscara social: eu não precisava fingir, mentir, performar. Poder ser eu de novo dessa forma foi uma verdadeira epifania.

Logo que começamos a nos reencontrar, ele fez vários elogios sobre minha roupa, pele, corpo, opiniões. Eu sempre respondia com uma desculpa: "Estou bonita por causa da maquiagem", "Está me elogiando porque quer me levar para cama", "Só veio hoje porque eu estava com uma amiga". Nas altas horas da noite, Vadinho me alertou: você percebe que toda vez que te digo um elogio, você responde se depreciando?

Outro aviso de incêndio disparou. Era a Marcela que pedia desculpa por existir, que achava que não podia pedir o máximo ou ser boa no que faz. Daquele dia em diante eu fiquei bem atenta quando ouvia um elogio e, confesso que até hoje, ainda me policio para agradecer quando dizem algo bom sobre mim, em vez de sentir vergonha, medo ou desconsiderar a opinião positiva alheia.

Agradecer um elogio foi um gesto simples que me transformou. Ainda repito com frequência quando sinto medo: agora que aprendi que posso ser linda, inteligente & bem-sucedida, assim serei todos os dias da minha existência. Todos esses adjetivos vêm de dentro de mim: eu defino a beleza, o sucesso e o uso da minha capacidade intelectual, que não têm a ver com padrões externos ou alheios. Como me disse um amigo brasiliense: aprendi que trabalho pleníssima na empresa vida.

Não consegui fazer sexo com Vadinho nas primeiras noites em que nos reencontramos. Ainda era casada e não estava confortável em atravessar a linha da monogamia. A atração era latente, trocávamos mensagens e fotos provocantes, mas ele soube respeitar o meu tempo e a distância necessários. Esse mesmo ser humano que, quando jovem, claramente não demonstrava nenhum tipo de preocupação com a minha pessoa, agora me fazia sentir que eu era respeitada. A vida é mesmo muito maluca e, na época, achei de uma graça enorme imaginar a Marcela de 20 e poucos anos acreditar que, uma década depois, aquele mesmo bofe a faria se sentir "respeitada".

Por fim, quando pudemos nos pegar com total liberdade, foi uma explosão de alegria e tesão. A generosidade do universo foi tamanha que na época eu estava em um emprego que me demandava viagens periódicas a São Paulo, onde ele morava. Vadinho e eu nos encontrávamos pela noite ou aos finais de semana e transávamos em qualquer parte da cidade, a qualquer hora. Foi libertador. Não precisávamos fingir, não precisávamos mentir nem se comprometer com nada. Em um desses encontros, estávamos juntos tomando café, a luz da manhã iluminava meu corpo cheio de marcas de mais uma noite do nosso sexo, quando Vadinho me disse: "Você está linda. Em que está pensando?" Eu respondi: "Em absolutamente nada, só estou aqui, no presente".

Naquela época aprendi a viver mais no presente, e, para isso, o budismo foi fundamental. Logo que me separei, eu não tinha uma casa para chamar de minha, não tinha emprego, vínculo familiar na cidade onde morava e, além de precisar resolver essas questões, tinha que escrever uma dissertação de mestrado. Se eu ficasse pensando em tudo o que estava desorganizado, talvez tivesse pirado. Viver o presente me trouxe a serenidade e a potência que eu necessitava para manter minha sanidade mental e resolver os problemas que se impunham.

Passei a criar algumas estratégias simples, que também me auxiliaram a manter a calma. Por exemplo, eu dedicava no máximo dois dias da semana a pesquisar trabalhos e enviar currículos, nos outros períodos apenas respondia e-mails sobre, mas não fazia busca ativa. Isso cobria os anúncios e vagas abertas com tranquilidade e me permitia ficar livre dessa sombra em tempo integral. Dessa maneira, eu ia resolvendo um problema de cada vez. Primeiro, as urgências diárias, e, então, passava a estabelecer prioridades, reservar períodos diferentes para cada demanda, e não naufragar em braçadas aleatórias para todos os lados possíveis.

Viver a alegria do momento, valorizar o aqui e o agora. O que não significa ser irresponsável, preocupar-se só com o próprio prazer ou agir como se não houvesse amanhã, mas direcionar a atenção ao que acontece agora, neste instante, confiando que o futuro chegará e, quando o futuro se tornar presente, somente então pensar e ter de lidar com ele. Simbólico dessa postura foi um diálogo que tive com a monja Kakuzen sobre a maternidade. Em crise com meu relógio biológico, questionei-a: "Kakuzen, e agora? Eu não tive filhos, não sei como farei para tê-los e estou chegando aos 40 anos..." Kakuzen, com a firmeza que emana dos monges, respondeu: "Marcela, você quer ter um filho agora, hoje, neste mês? Então, não precisa se preocupar com isso neste momento".

Às vezes, sinto um pouco de saudade da sensação de liberdade e plenitude dos primeiros meses que se seguiram à minha saída do lar de casada. Eu não tinha trabalho, não tinha uma casa só minha para manter, poucos compromissos sociais para cumprir. O universo foi muito generoso comigo e, durante um período, permitiu-me ter tempo e tranquilidade para olhar para mim, escrever uma dissertação e viver o presente.

De repente, da mesma maneira arrebatadora que Vadinho voltou para a minha rotina, nossa conexão passou. Um domingo de manhã, transamos no chão da casa dele e eu entendi que era a última vez. Já havíamos trocado tudo o que precisávamos, e, dali para frente, os encontros foram fugazes e desnecessários. Vadinho é vivido, sensível e sagaz, logo percebeu o fim e se retirou da mesma maneira sorrateira com que havia chegado. Admiro as pessoas que têm essa perspicácia e conseguem sair de um relacionamento elegante e discretamente, segurando a dignidade entre os dedos das mãos. Esse ser humano fez-me tão bem, que sinto um carinho enorme pelo que vivemos. Acredito que me sentirei assim em quaisquer tempo e lugar em que nos reencontrarmos. Eu o receberei com um abraço sincero de alegria e gratidão.

No apartamento com a Vitória uma outra fase se iniciou. Uma outra vida, na verdade. A Marcela casada, que havia sido arrancada de São Paulo, que pedia desculpas e se melindrava por um casamento tirano havia morrido. A minha sensação, no final de 2017, era de que o meu casamento parecia algo de outra vida, havia acontecido em outra encarnação. Eu me sentia tão bem na Marcela divorciada, era uma energia tão genuína, que custava acreditar termos sido algum dia a mesma pessoa.

Vários parentes e amigos se surpreendiam com a vibração e tranquilidade que eu irradiava. Uma colega da faculdade, que havia acompanhado meu casamento, ao me reencontrar, logo após a mudança para o apartamento com a Vitória, disse-me: "Nossa, parece que você voltou a ser você mesma". No fundo era um pouco isso que sentia: como se casada eu estivesse tentando seguir um caminho que não era o meu, não porque não gostasse do meu ex-marido ou de estar casada, mas pelas escolhas e a forma como estávamos construindo aquela relação.

Por uma ironia do destino – e sabemos que ele tem muitas –, da janela da sala que dividia com a Vitória era possível avistar a casa onde havia morado com meu ex-marido. Não que fosse exatamente perto ou em frente, mas, curvando-se um pouco, era possível ver aquele prédio espelhado, lazer de clube, que eu mesma havia escolhido como nossa Pasárgada. Quando o medo apertava meu peito, eu olhava para aquele edifício e dizia para mim mesma: "Não cometa os mesmos erros, não cometa os mesmos erros, não cometa os mesmos erros".

Entendi que as escolhas que me levaram a construir um relacionamento tão hermético, pesado, que me faziam sentir frágil e equivocada com frequência foram pautadas, muitas vezes, pelo medo. Medo de quê, afinal de contas? Talvez, medo de ousar fazer diferente, de buscar uma relação menos amarrada a padrões que acreditei serem fixos, uma régua maluca que me dizia que os amores deveriam ser opressores.

Anos depois da separação, li um poema da Rupi Kaur que me ajudou a encaixar mais uma peça dessa história. O poema se chama "To fathers with daughter" e diz:

> *every time you*
>
> *tell your daughter*
>
> *you yell at her*
>
> *out of love*
>
> *you teach her to confuse*
>
> *anger with kindness*
>
> *which seems like a good idea*
>
> *till she grows up to*
>
> *trust men who hurt her*
>
> *cause they look so much*
>
> *like you*

Esse poema me fez entender o quanto as relações que estão próximas moldam os vínculos emocionais que construímos. Por muito tempo eu me cerquei de amizades e relações muito opressoras, que tinham uma carga emocional pesada, que demandavam de mim quase uma anulação para evitar brigas ou não fragilizar o outro. Nunca gostei de confusão, faço uma oração a Kanzeon, o bodisatva (ser iluminado) da compaixão, toda vez que preciso matar um pernilongo e demorei a entender que tudo bem dizer não ou discordar de quem se ama.

Nos meses que se seguiram ao meu divórcio, o tema permanente das minhas sessões de análise era o medo. "Medo de quê?", a analista me perguntava. A resposta era sempre a mesma: "Medo de mim, de tudo que eu percebi ser capaz de fazer".

Ainda que sentisse estar genuinamente em meu caminho, demorei para me acostumar comigo naquela versão adulta recém--divorciada. Diversas vezes passava de relance por um espelho e não me reconhecia, eu estava tão linda, empoderada, custava a acreditar que era eu mesma. Imprimi várias fotografias desse período e espalhei pela casa, para eu nunca mais me esquecer de quem eu sou, da beleza e plenitude que sou capaz de irradiar.

Durante esses primeiros meses, vários sentimentos se misturavam dentro de mim: alegria pela vida, paixões afloradas, raiva, medo, desejo, liberdade. E a certeza de que uma força me guiava para estar exatamente no lugar onde eu deveria estar.

1.3 DEUS É BOM TODO DIA

Quando eu estava no mestrado, tinha o hábito de fazer as refeições no restaurante universitário. Primeiro por praticidade, depois por necessidade e, finalmente, pela alegria de vivenciar a rotina de estudante. Nos últimos meses eu não contava com uma renda exatamente favorável, e poder me alimentar naquele restaurante era uma bênção pela qual eu agradecia diariamente. Sabia que era uma fase, portanto, resolvi usufruí-la em toda sua intensidade.

Nem sempre era tranquilo estar às voltas com a escrita da dissertação, a procura de um emprego, lidar com os ânimos oscilantes dos meus familiares e com a dúvida sobre qual cidade viver após a defesa. O ambiente universitário ajudava a acalmar meus ânimos, a manter o ritmo necessário de escrita e a estar em contato com outras pessoas, de diferentes idades.

No final, durante os períodos em que mais precisei lutar contra meus fantasmas e concluir esse trabalho, eu frequentava a biblioteca e o restaurante universitário inclusive aos sábados e feriados. A UnB é um lugar generoso com sua comunidade: existe um horário de funcionamento que se estende aos domingos, além de, vamos combinar, ser um espaço lindo e agradável. Céu azul, o lago ao fundo, árvores, pássaros mil – pássaros mesmo, não pombas, pasmem, paulistanos.

Em uma dessas minhas incursões pelo restaurante universitário durante o café da manhã de um sete de setembro, escolhi sentar ao lado de dois garotos bem jovens. Quem já foi estudante de uma universidade pública sabe exatamente o que significa tomar café no bandejão durante um feriado: ou você é de outra cidade e mora por ali, ou é um aluno da pós-graduação com prazos sempre no pescoço.

Gosto de conversar, de estar em meio a pessoas, de ouvir, conhecer diferentes perspectivas. Foi assim que, nessa manhã, colei bem ao lado daquela dupla para alimentar minha curiosidade de outros papos. Eles eram gays – não pela aparência física ou algum outro estereótipo, mas porque simplesmente conversavam sobre namorados e os boys do momento. Faço essa distinção porque acredito que algumas questões aparecem de outra maneira nos relacionamentos homossexuais – preconceito, pressão familiar –, mas tenho a sensação de que a maior parte dos problemas se repete. Ao fim e ao cabo, somos todos seres humanos buscando uma forma de amar e de sermos amados.

Não tenho a menor ideia de quais eram os seus respectivos nomes, vou chamá-los de João e Henrique. Tinham dormido pouco, por conta de uma festa na véspera, e Henrique estava mais exaltado, no estilo cansado e sem paciência. João parecia mais preocupado em garantir a repetição da caneca de leite, apenas concordava e sorria, agarrado ao pão com geleia daquele jeito que só os que viraram a noite sabem fazer.

O motivo da exaltação de Henrique era um *affaire* fofo em andamento, mas que estava prestes a acabar. Ele contava que havia uma química boa, que a companhia era leve, divertida, e que, ultimamente, encontravam-se com mais frequência. Então, em um dos últimos encontros, o boy disse alguma merda. Henrique narrou o episódio mais ou menos assim: "A gente estava na mesa, tomando café, clima gostoso, conversando de boa, aí eu disse para ele que queria morar fora, viajar junto daqui uns anos. Ele simplesmente pirou e me disse algo do tipo: 'Não quero me comprometer agora'. Eu só pensei: 'Cara, não é para hoje, é só uma ideia, sério que você disse isso?'".

João e Henrique seguiram compartilhando as decepções amorosas, a falta de sensibilidade em dizer certas proposições, as expectativas que criamos sem sentido, o medo que faz paralisar ou fingir que se sente algo diferente do verdadeiro. O afastamento desmedido da resposta "Não quero me comprometer agora" foi um balde de água fria para Henrique, que, até onde pude ouvir, já não demonstrava interesse pelo rapaz. Então, João tranquilizou o amigo dizendo que, se o boy disse tamanha bobagem e ele perdeu a paciência, o melhor mesmo era se afastar e dar chance para outra pessoa. Ainda completou afirmando que, se a vida o colocou em algumas situações como essa, foi para livrá-lo do boy ruim mesmo, por isso, devemos seguir nosso instinto, afinal de contas, temos é que agradecer, porque *Deus é bom todo dia.*

A simplicidade e a segurança dessa frase nunca mais saíram da minha cabeça. "Miga, Deus é bom todo dia." Se o garoto fofo disse uma merda, se a chuva caiu bem na hora do rolê, se o cartão travou, se o emprego chegou e o salário aumentou – todos esses acontecimentos fazem parte de um equilíbrio cósmico que vai nos garantir o melhor da vida, ao menos aos que acreditam merecê-lo. Deus é bom todo dia, perceba isso nas ações mais simples, nas pequenas epifanias que vivenciamos – na cama quente, no abraço certeiro, no fora necessário.

Esse Deus que evoco e confio não se confunde com a noção cristã de punição e recompensa, tampouco com a ideia astrológica de destino. É a força que nos carrega e nos faz seguir o caminho que desejamos, desde que saibamos direcionar nossos passos e ouvir os sinais na encruzilhada. Pode ser um instinto, um orixá, um anjo da guarda, o conselho de um amigo – com calma e determinação a vida vai se arranjando para os que sabem lidar com ela. Acredite, Deus pode ser bom todo dia.

O primeiro Carnaval que passei divorciada em Brasília foi de uma alegria que mal cabia em meu coração. Eu havia acabado de entregar a versão final da minha dissertação, assinado um contrato de trabalho com início para logo depois do feriado, sentia-me plena e, finalmente, calma com a perspectiva de uma renda após o fim iminente da bolsa de mestrado. Meus anseios materiais se resolveram de uma maneira tão certeira, que eu mal podia acreditar.

Estive em São Paulo em dezembro de 2017, caminhando pela Avenida Paulista e olhando aqueles carros pelo terraço do Instituto Moreira Salles, entendi, no meu corpo, que não era hora de voltar para aquela cidade. Na primeira vez que morei em São Paulo, Frida, que também era do interior como eu, contou-me que sentia um conforto enorme ao andar pela Paulista, como se os prédios a abraçassem e trouxessem aconchego aos interioranos solitários na capital. Desde então, quando me sentia aflita, pegava um ônibus ou metrô e saía caminhando por aquela avenida que, de acordo com a piada local, é como o casamento: começa no Paraíso e termina na Consolação. Nem sempre funcionava. Às vezes, voltava para casa com as mesmas angústias, mas ver outras pessoas, alguns moradores de rua, aquele mar de gente apressada, as luzes da cidade, ajudava-me a colocar os problemas em perspectiva. Naquele dezembro, quando terminei a caminhada, entendi que ainda havia muito por explorar em Brasília. Com essa certeza, concentrei minha energia na busca por emprego na capital do país.

De modo que, quando o Carnaval chegou, só me restava comemorar. Meus maiores desafios estavam encaminhados: dissertação, trabalho, moradia. E minha meta era apenas ir a blocos de rua durante todos os dias do feriado, o que, diga-se de passagem, cumpri com louvor.

A assinatura do meu divórcio se concretizou em meados de outubro de 2017. Um episódio que mereceria um capítulo à parte. Na ordem das preocupações do dia, a regularização do meu estado civil não estava nem na fila de espera. Mas, como era usual, meu então marido tinha pressa em resolver essa questão e não se preocupou quanto aos meus apelos de que eu não tinha dinheiro para lidar com advogado ou cabeça para as burocracias necessárias. Ele assumiu todos os custos necessários, e eu acionei minha mãe para pagar a outra parte dos honorários advocatícios. Como disse na ocasião, foi a última vez que precisei fazer algo na hora e do jeito que meu ex-marido queria, apenas para não me sentir pressionada por ele ou ter que lidar com as suas cobranças.

Lembrar o período que antecedeu o agendamento do divórcio no cartório ainda é dolorido. Ambos estávamos magoados, cada um à sua maneira e por seus motivos, e as conversas que precederam a assinatura foram especialmente agressivas. Além do clima ofensivo e de muito rancor, o evento em si mexeu demais comigo: eu quis com todas as minhas forças me casar com ele, eu quis tanto aquele marido, desejei tanto ser oficialmente a sua esposa, mas, agora, dentro de alguns dias, ficaria comigo apenas o alívio do fim daquela história.

Em meio a esse turbilhão de sentimentos e angústias eu me apaixonei pelo boy do aplicativo. Vou chamá-lo de Rodrigo. Engraçado que, no momento em que escrevo, eu realmente não lembro do nome dele, mas no período em que ficamos juntos eu acreditei do fundo do meu coração que poderíamos casar, ter um filho e vivermos felizes para sempre. Adoro como, às vezes, a vida parece rir na nossa cara.

Foi incrivelmente fácil e gostoso me apaixonar pelo Rodrigo. Lembro que por volta das três horas da tarde eu dei um *superlike* em seu perfil – ação considerada ousada no mundo da paquera virtual.

Então, começamos um papo divertido, fui para minha reunião e, na saída, já tinha um *date* agendado para a mesma noite. Na manhã seguinte, ao deixar a casa dele sem ter dormido uma hora inteira sequer, senti que ele era o cara. Ao encontrar Vitória no café da manhã, em casa, preparada para sair para o trabalho, avisei-a: estou apaixonada.

Rodrigo tinha um perfil muito compatível com o de outros namorados meus: classe média branca, funcionário público, calmo, poucos amigos, afeito a relacionamentos estáveis, próximo da família e com poucas ideias audaciosas para a vida – como escalar o Everest ou publicar um livro sobre relacionamentos. O papo fluía bem, ele era gentil e vivia em uma casa agradabilíssima. Engatamos um ritmo frenético de troca de mensagens diárias e encontros semanais.

Eu não sabia exatamente como lidar com tudo aquilo. Ainda não tinha ideia do que desejava para um namorado ou do novo significado da palavra compromisso. Ainda estava, como o Rodrigo brincava diversas vezes, oficialmente casada com outra pessoa. Vivenciar essa paixonite em meio ao turbilhão da véspera do divórcio foi de uma generosidade divina para comigo. Eu me sentia constantemente quase me afogando, embaixo do mar quando a onda quebra em cima da cabeça e você abre os olhos e a boca e vê apenas areia e água revolta. Nessa convulsão de coisas, estar com o Rodrigo era um alívio. Ele me enviava mensagens fofas e desenhos de pequenas flores, sempre me fazia lembrar de que eu não era o monstro que meu então marido dizia. O carinho do Rodrigo me blindou e me deu forças para enfrentar aquele momento. Sinceramente, eu não sei como teria sido assinar o divórcio sem ter a presença do Rodrigo. Ou melhor, até sei: eu teria enfrentado com a mesma altivez, com os mesmos choros contidos no metrô e na rua, mas teria sido um pouco mais dolorido.

Pouco tempo depois da minha separação oficial, quando, aos olhos da lei, eu já poderia viver livre e alegremente um novo amor e marcar a data da próxima união, Rodrigo me dispensou. As mensagens rarearam, os encontros esparziram, eu disse que gostava dele com um poema cafona, e o Instagram me mostrou uma foto dele agarrado em outra mulher. Não vou mentir: antes de ver essa foto, na minha última visita ao seu quarto, eu já sabia que havia outra dormindo por ali. As mulheres sempre sabem. De modo que não foi exatamente uma surpresa vê-lo em uma foto com uma mina diferente e legendas de amor. Eu senti mais raiva pelo modo adolescente como nosso esquema terminou do que propriamente pelo fim. Gosto de momentos simbólicos, de conversas de encerramento, mas, no caso, foi apenas uma saída de fininho e um tapa na cara da minha dignidade estampado em uma rede social. Confesso que minha emoção se agitou mais quando acompanhei, também pelas redes sociais, que o lindo e fofo namoro do Rodrigo havia terminado, mas, dessa vez, era um gostinho de vingança bem infantil, dizendo "Bem feito, quem mandou escolher essa mina!".

A verdade é que não era para ser. Não era hora para amores, namoros e projetos a dois. Eu precisava muito resolver outras coisas, tanto práticas quanto em meu coração. Quando passou, eu entendi. E entendi mais ainda a beleza de ter vivido aquela paixão exatamente no momento em que precisei de carinho e de borboletas na barriga. Mas a lição só foi completada no Carnaval.

Eu estava reluzente de odalisca do Cerrado no metrô, toda trabalhada no glitter, exibindo a pele bronzeada a caminho de mais um bloco de rua, onde um grupo de amigos queridos me esperava com bebidas e muita festa. Eis que eu abri uma rede social e vi ele, Rodrigo, abraçado com a então namorada e um cachorrinho peludo no meio de uma cachoeira com uma daquelas legendas "comemorando mesversário". Meu sorriso foi tão espontâneo e contagiante que, imediatamente, recebi um elogio do casal de velhinhos que estava a minha frente: "Nossa, você está linda demais nessa fantasia."

Não existia absolutamente nenhum outro lugar do planeta onde eu desejasse estar naquele momento, a não ser exatamente onde eu estava: em Brasília, com um emprego novo, no metrô, vestida de odalisca, a caminho de um bloco de Carnaval. Eu *realmente* não queria estar comemorando "mesversário" nenhum em uma pousada romântica no interior de Goiás. Foi assim que eu entendi, mais uma vez: Deus é bom todo dia.

DEPOIS DAQUELE DIVÓRCIO

A sensação de estar no lugar certo, na hora certa, veio à tona algumas outras vezes nesse período pós-divórcio. Tudo ainda era muito novo para mim: meu estado civil, a cidade, meu emprego. Pela primeira vez na minha vida adulta eu não tinha um marido, não era funcionária pública e não estava em São Paulo. Cada atividade no trabalho, cada amigo, as refeições, as pequenas escolhas do dia a dia, tudo me proporcionava um sabor de novidade, de descoberta. Era como se eu estivesse reaprendendo a viver e, de certa maneira, eu estava mesmo.

Nessa época uma greve de caminhoneiros interrompeu as atividades econômicas do país. Foi lindo acompanhar a mobilização desses trabalhadores e observar a loucura coletiva causada pela escassez de combustível. Dentro do possível, segui minha agenda conforme o previsto: atendi minha chefe, encaminhei formações, aulas, e decidi que continuaria assim até onde o tanque do meu carro permitisse. Por fim, a greve acabou antes do meu tanque, e ter mantido a calma foi mais uma lição de como o sofrimento pode ser desnecessário em grande parte da nossa rotina.

Justamente nesse período da greve dos caminhoneiros eu era responsável por um evento importante no meu trabalho, que se realizou em um hotel superbacana da região. O saldo desse evento foi tão positivo que até eu, uma otimista incorrigível, surpreendi-me: os palestrantes e toda a equipe de apoio conseguiram vir e voltar de avião, e, apesar do número reduzido, os participantes que estiveram presentes contribuíram para um debate caloroso. Por conta do caos na malha aérea minha chefe não pôde vir, então, a abertura e o encerramento do dia ficaram sob minha responsabilidade e de outro colega de equipe. Era uma atividade simples, mas nunca havíamos feito daquela maneira. Ao final, foi tão bom, eu fiquei muito feliz por realizá-la com êxito. Fez-me um bem enorme perceber que eu era capaz de tantas coisas que nem imaginava que podia fazer.

No horário de almoço, quando o evento já havia acabado, decidi ficar para comer no mesmo local – lembro-me de sentir a dúvida terrível de não saber se minha presença seria adequada ou não, se deveria me sentar junto com os palestrantes, qual assunto encaminhar, quantas vezes seria educado repetir aquela comida maravilhosa. No entanto, tudo fluiu com muita tranquilidade, e percebi que parte das minhas dúvidas era comum a outros na mesa.

Uma das palestrantes, uma mulher ma-ra-vi-lho-sa, de uma energia e sensibilidade contagiantes, sentou-se conosco. Senti uma gratidão enorme por ter sua companhia tão próxima durante mais algum tempo. O horário do voo ainda estava distante, e, após a refeição, seguimos fazendo hora e conversando à toa. Então, ela disse algo como: "Se vocês tiverem outro compromisso, outro lugar que precisem ir, fiquem à vontade". Eu só respondi instantânea e espontaneamente: "Não existe nenhum outro lugar do mundo onde eu gostaria de estar neste momento: sua companhia é um privilégio, estamos à beira de um lago, com comidas deliciosas à vontade e esta paz depois do trabalho realizado". E era exatamente assim que eu me sentia.

Quando fui embora daquele hotel me sentia tão leve, tão livre, tão realizada pelos pequenos êxitos conquistados. Antes de voltar para casa, parei o carro próximo ao lago, em uma dessas entradas tipo parques que o governo do Distrito Federal havia inaugurado recentemente. Fiquei um bom tempo ali, contemplando a paisagem, a água, o calor do sol, sentindo aquela paz de espírito, a alegria de estar completa e bem comigo mesma, ainda que não houvesse marido, namorado ou qualquer outro ser humano que ocupasse esse lugar do a dois, que a sociedade brasileira, em geral, insiste em dizer que devemos almejar para sermos mulheres completas. Nesse dia eu ainda não havia entendido que o casamento é só mais uma escolha das muitas que podemos fazer nessa existência e, no final de tarde de um sábado, surpreendeu-me a satisfação que sentia por estar com minha própria companhia. Em meio a essa plenitude, só me restou concluir: Deus é bom todo dia.

Durante esse período aconteceu a defesa do meu mestrado. Gostaria de publicar um #tbt permanente daquela tarde, por tamanha alegria que me causou. Quando acabou, já no início da noite, identifiquei várias chamadas de uma colega do trabalho que, claramente, não ia com a minha cara. É comum termos colegas com quem precisamos conviver, apesar de não termos simpatia, mas, nesse caso, no geral, foi uma convivência suportável. Quando o horário comercial recomeçou, entrei em contato com ela, que, cordialmente, ignorou minhas mensagens e chamadas. Dias depois descobri que houve um problema com a entrega de um cliente que eu atendia e ela, desesperada, sem conseguir falar comigo, resolveu.

Ela era uma pessoa afeita a dramas, gostava de manter-se estressada, ficar sem almoçar, e estava em briga permanente com a balança e com o próprio corpo. Rapidamente percebi que minha simples presença – magra, jovem, elegante, divorciada, inteligente e calma – causava um certo desconforto em seu ser. Lamentei, porque gosto de cultivar amizades e bons relacionamentos, mas optei por desistir e ignorar para o bem do trabalho de ambas.

O fato de ela ter tomado a frente do problema e ter resolvido a questão foi o melhor que podia ter acontecido naquele momento. Agradeci do fundo do meu coração e, com humildade, procurei entender os recursos que ela havia mobilizado. Eu, dificilmente, teria encaminhado o problema como ela o fez, porque havia começado há pouco na empresa e não tinha a malícia necessária para aqueles casos. Foi uma lição para mim, de modo que, quando o mesmo problema se repetiu pouco tempo depois, com outro cliente, pude assumi-lo e resolvê-lo a partir do que aprendi com ela, acrescentando meu jeito profissional de agir. Agradeci novamente a oportunidade de mostrar que eu também era capaz de resolver problemas, a partir do repertório da própria instituição e do meu perfil de trabalho. Só me restou olhar para frente e dizer: Deus é mesmo bom todo dia.

Poderia enumerar infinitos outros episódios em que fui grata pelo que estava experienciando, em que finalmente compreendi a lição de um perrengue vivido, o sentido da viagem que deu errado, o porquê de uma promoção ter aparecido só naquele horário. Acredito que esses momentos acontecem para quem está em conexão com seu instinto, quem crê e agradece a força do transcendente, que direciona os passos para um caminho verdadeiro. Talvez, Deus não seja exatamente bom todos os dias, mas eu acredito que as coisas têm uma razão de ser e as escolhas que fazemos nos levam aonde desejamos ir.

O contato com o mundo do trabalho privado foi um desafio marcante para mim. Logo que concluí a graduação entrei como concursada na rede municipal de São Paulo, de modo que minha experiência como adulta-que-paga-as-próprias-contas sempre havia sido vinculada à tranquilidade do funcionalismo público. Não é nada fácil ser professora na rede municipal, mas eu estava familiarizada com os altos e baixos desse contexto e havia prospectado meu tempo e salário de aposentadoria, como todo funcionário público padrão faz. Ainda que tivesse atuado constantemente com outras empresas, minha principal fonte de renda estava garantida religiosamente pelo cargo e função que ocupava como concursada. Ao me lançar no mercado privado, agora como principal fonte de sustento, precisei aprender a viver de outra maneira.

A maior dificuldade para mim não era a cobrança por produtividade, o ritmo mais acelerado, o imperativo da eficiência, lidar com competição e chefes variados – na verdade, tudo isso foi bem tranquilo e me trouxe reflexões oportunas, fez-me amadurecer tanto pessoal quanto profissionalmente. O grande problema era lidar com a incerteza. E se eu fosse demitida? E se a empresa precisasse reduzir o quadro de funcionários? E se outra pessoa assumisse minhas atividades e minha vaga deixasse de existir? Quanto tempo eu ficaria naquele serviço?

Decisões simples tomaram a proporção de desafios angustiantes, como a compra de um sofá, um liquidificador, uma viagem de carro no final de semana, porque eu ficava imaginando que poderia ser demitida e não ter mais salário no mês seguinte.

Foram muitas sessões de análise e conversas com amigos para entender que estava tudo bem. Nos três primeiros anos após minha exoneração, eu havia tido quatro empregos fixos, cada um melhor do que o outro, e em nenhuma dessas experiências fui demitida ou mal avaliada pelos meus superiores e colegas de equipe. Além dessas atividades, realizei bons freelas e precisei dizer não a outras oportunidades de trabalho que surgiram. De repente, eu percebi que podia, de fato, escolher como iria ganhar o pão de todo dia.

Por trás desse medo paralisante estava a necessidade de segurança. Quanto de certeza eu precisava ter para parcelar uma cortina em três vezes? Quantos aluguéis eu necessitava ter guardado de reserva para ficar em paz? Morar na casa própria era garantia permanente de um teto? Apenas a certeza do funcionalismo público seria suficiente para mim? Se eu tivesse um marido que pagasse o aluguel, estaria mais tranquila? Se eu tivesse um marido que fosse funcionário público seria, então, a tábua de salvação da estabilidade?

A lista segue *ad infinitum, ad nauseam*. A verdade é que não existe garantia ou certeza suficiente das escolhas que fazemos na vida. Todos os caminhos terão momentos bons e ruins, decisões ora mais acertadas, ora mais equivocadas. O que precisa estar claro é o que realmente eu quero fazer com essa existência na Terra. Amadureci demais passando por diferentes empregos e entendi que a lição em cada uma daquelas transições era aprender a lidar com o impermanente, a fazer escolhas e a assumir suas consequências. Em uma carreira pública e em um casamento sólido eu havia criado uma ilusão de vida garantida, caminho pronto, em frente e avante, como se eu estivesse em um jogo de tabuleiro em que bastasse seguir os quadrinhos de acordo com o número dos dados e desviar das cartas de revés.

Em um domingo chuvoso assisti ao filme brasileiro *Homem do futuro*, uma graça de história, de músicas, de fotografia e de ótimos atores. O mote da narrativa é um clássico: se pudéssemos voltar ao passado e mudar algo, o que seria? Quem seríamos hoje, se naquele momento, anos atrás, tivéssemos escolhido B em vez de A? Passei dias repensando minhas escolhas nas últimas encruzilhadas e, por hora, concluí, como no final do filme, que o melhor mesmo foi exatamente o caminho percorrido, que me trouxe até este presente.

Um colega me disse uma vez que havia vindo ao mundo a passeio, por isso, seu tempo de lazer e descanso eram preciosos. Ele havia aprendido essa lição depois de ter um infarto, causado por uma rotina de trabalho excessiva e pouco cuidado com a saúde. Demorei anos pensando: e eu, vim ao mundo a trabalho ou a passeio? Hoje, acredito que vim para aprender e ensinar. Enquanto estiver fazendo essas duas atividades, a vida segue bem.

Aos poucos fui aprendendo o que é realmente importante manter, quais seguranças financeiras e emocionais posso controlar e buscar. Nem sempre é fácil acertar, confesso, mas o exercício de reflexão me faz bem. Procuro entender que existe um tempo para algumas coisas acontecerem, que é melhor quando consigo respeitar meu corpo, meu instinto e o movimento próprio da vida. Como ensina um koan, uma espécie de parábola chinesa, utilizado de diferentes maneiras no budismo:

Um jovem monge perguntou ao mestre Joshu:

— Mestre, o que é o despertar, a iluminação?

O mestre replicou:

— Quando estiver com fome, coma. Quando estiver cansado, durma.

Confundir as necessidades do corpo só nos traz desassossego. Meu desafio, hoje, é manter essa escuta mesmo estando com outras pessoas, amigos ou namorado. Ter consciência desse termômetro é essencial para a manutenção dos relacionamentos, seja ele qual for. Nem sempre o que eu quero é o que eu preciso, por isso, a paciência e a calma são virtudes preciosas nessa distinção. Respirar, ouvir-se e seguir em frente, porque, sim, Deus é bom todo dia.

Segunda parte

E AGORA, JOSÉ?

Um, dois, três e

Parei de reclamar
A vida vai passar
Não vou ficar mais nessa
Olha pro lado e vê
Quem anda com você
Você tem que abraçar

Preste bem atenção
Coisas do coração
São como essa ladeira
Pra conseguir subir
Tem que ser leve, sim
O amor te estende a mão

Você não anda bem
Precisa relaxar
Precisa de uma praia
Um pôr do Sol na praia
Um pôr do Sol à beira-mar

Eu já caí no chão
E quem me deu a mão
Foi uma gente boa
Gente que nem pensei
Que me queria bem
Veio me levantar

Palavras vêm e vão
Meu bem, preste atenção
Não diga coisa à toa
Palavras vão voltar
E podem se vingar
Da sua ingratidão

Você não anda bem
Precisa relaxar
Precisa de uma praia
Um pôr do Sol na praia
Um pôr do Sol à beira-mar

(Silva e Ludmila, "Um pôr do sol na praia", 2019)

2.1 LIDAR COM O NOVO

Quando me vi oficialmente divorciada e morando com uma amiga, aos 34 anos, eu já não era mais uma jovenzinha, quer dizer, sentia-me jovem, no sentido da disponibilidade que essa palavra traz, mas não uma menina que desconhecia os desafios de ser um adulto, que desconhecia o lugar social que a palavra *adulto* ou a idade representam. Os significados desses lugares que ocupamos ao longo da vida – jovem, adulto, velho, estudante, trabalhador, mulher, menina – sempre mexeram comigo. É um tema que revisito periodicamente.

Entre as definições de *adulto*, o dicionário *Michaelis* descreve: "Que ou o que atingiu o máximo de seu crescimento e a plenitude de suas funções biológicas". Para nós, seres humanos, identificar um momento em que teríamos nossas capacidades físicas plenamente realizadas é um tanto ambicioso. Penso que exploramos nosso corpo e nossa mente de forma alternada e que há um certo equilíbrio na utilização dessas potências. Também não vejo que há uma única maneira para se tornar adulto ou envelhecer, nesse sentido, a compreensão da expectativa e do significado de ser jovem, adulta, divorciada, sozinha ou casada não me parece tão simples assim.

Há algum tempo, talvez com 32 ou 33 anos, emprestei de uma amiga, que transita muito tranquilamente por esse tema, o livro *Como envelhecer*, de Anne Karpf. Foi uma leitura simples e reveladora.

A autora desconstrói vários lugares-comuns sobre a velhice. Uma passagem que especialmente me marcou retratava a trajetória de uma mulher com mais de 60 anos. Ela contava sobre as mudanças de profissão, sobre como havia se dedicado a algo por cerca de 20 anos e depois iniciado outra trajetória – acho que como professora de ioga, ou algo assim –, afirmando, então, que essa era a sua escolha atual e que, provavelmente dentro de alguns anos, ela se dedicaria a algo diferente. Achei tão interessante essa transitoriedade profissional, a possibilidade de mudar de trabalho como uma escolha, algo tranquilo, e não como um sinal de fracasso ou problema.

Talvez, minha geração lide de maneira mais complacente com essas transições. Meus pais ainda olham com desconfiança para pessoas que mudam de ideia ao longo de suas carreiras. Para meus avós, o sucesso profissional era mensurado pela longa permanência em uma mesma atividade. Essa forma de perceber as alternâncias em relação à profissão e ao trabalho tem a ver também com a maior possibilidade de estar em diferentes lugares sociais, poder escolher sobre casar ou não, sobre ter filhos, ter hobbies antes da aposentadoria. Falo, aqui, de uma classe média urbana, com certa estabilidade financeira, o que permite o exercício da escolha. Reconheço, ainda, que há um privilégio econômico em poder optar por trabalhos e relações sociais.

Mesmo que seja possível escolher, algumas amarras imaginárias nos prendem a determinados caminhos. Pelo menos eu me senti assim por muito tempo, como se não pudesse decidir o que fazer, não fosse capaz de escolher, de saber o que realmente queria fazer nesta existência, neste ano, neste dia, para além das obrigações da vida material.

No período de quarentena, em 2020, enquanto tivemos que ficar em nossas casas para evitar a transmissão do coronavírus, entreguei-me a algumas séries. Não tenho esse hábito, e, mesmo durante o confinamento, era difícil assumir uma rotina televisiva, no entanto, a falta de contato com outras pessoas acabou amolecendo um pouco minha resistência. Por fim, alguém indicou, e eu sucumbi aos encantos da família *Shtisel*, uma produção da Netflix, cujo idioma original é o ídiche e que se passa em Jerusalém. Minha religiosidade está muito distante do nível de comprometimento dos judeus ortodoxos retratados na série. Isso me fez pensar em como deve ser uma existência assim, 100% orientada por preceitos sagrados, em que absolutamente tudo, a roupa, a comida, o trabalho, o amor, os gostos, tudo é determinado por um livro e por regras próprias. Não há dúvidas, escolhas, hesitações: você só precisa fazer o que a Torá e o restante do referencial teórico próprio da ortodoxia judaica prescrevem. Caso algo fuja da curva, caso alguma dificuldade lhe aflija o coração, leia os textos e consulte um rabino. Talvez, eu esteja simplificando a rotina desse grupo, mas, aos meus olhos ocidentais, do meu lugar de fala, pareceu-me reconfortante conhecer uma noção mais sólida do que os termos "certo" e "salvação" podem significar em diferentes culturas.

Um dos protagonistas da série, o jovem Akiva, é um pintor que se deixa levar mais pelas paixões do que pelas regras, ao menos suas emoções são assim, e ele passa toda a primeira e a segunda temporadas em conflito consigo mesmo. Como lidar com o paradoxo de perceber a própria essência, identificar algo que lhe é natural, que lhe faz bem, que traz calma e alegria, mas que é contra a ortodoxia judaica, em que ele também acredita? Em síntese, esse me parece ser o principal dilema da personagem e o *leitmotiv* da série.

Tenho vontade de me mudar para Jerusalém e criar filhos com Akiva, de tão lindo e emocionante que ele é. Eu ensinaria àquele garoto os prazeres da carne, comeria seu sanduíche de pepino com tomate diariamente e iria estimulá-lo a uma trajetória como artista. De hoje até o fim dos meus dias na Terra e até o além (não me recordo a previsão da eternidade judaica após o julgamento final, mas estaria disposta a ir até lá com Akiva). Aparentemente, essa não é uma realização possível. Contento-me em suspirar pelos seus cachos e pincéis imaginários, a torcer pelo seu êxito pessoal e profissional.

Akiva tem tudo para seguir, a sua maneira, sua vida como pintor e sua fé, podendo se casar com quem gosta e se sustentar financeiramente com seus quadros. A cada episódio, pergunto-me porque ele, simplesmente, não se muda da casa do pai e se afasta da figura opressora e tóxica que ele representa, que destrói tudo o que toca. O sucesso dos seus desenhos lhe permitiria a independência financeira – o que, aos meus olhos, é o grande dilema do mundo adulto –, mas Akiva segue sob o jugo paterno. Por quê?

Apesar de discorrer sobre uma ficção, sabemos que há muito da realidade no cinema e na literatura. O que prende Akiva e impede-o de seguir seu instinto, sua felicidade, seu dom para a pintura? O dilema dessa personagem é sobre quebrar tradições, desvencilhar-se de padrões, entender que o respeito e a fé podem ter diferentes manifestações. Para mim, um dos melhores momentos da segunda temporada é quando Akiva, finalmente, contraria o pai e lhe diz não. Pouco importa o motivo, pela primeira vez ele é capaz de colocar na mesa a própria vontade e aceitar as consequências dessa escolha. Penso que, nesse momento, Akiva finalmente se torna adulto. Ele percebe que está só, porque é impossível agradar a esse pai e, ao mesmo tempo, ser fiel consigo. Assumir escolhas e consequências é algo que fazemos por nós mesmos, sem depender da opinião ou aprovação alheia. Aos poucos encontraremos os que concordam conosco, os que sabem respeitar a nossa identidade e as diferenças de cada ser humano.

Cada decisão que tomei, desde o instante em que decidi me separar, foi realizada em absoluta solidão. Eu não tinha uma confidente para validar meus passos, um companheiro para considerar, sequer minha mãe esteve ao meu lado para me dizer que tudo ficaria bem. De repente, entendi que as coisas estavam erradas em minha vida, e só cabia a mim corrigi-las, fosse para qual rumo eu quisesse. Ninguém dependia de mim, e eu não dependia de ninguém. Nessa época, eu não tinha um emprego fixo que pudesse evitar alguma mudança na rotina, percebi que poderia ir até para a Lua recomeçar minha trajetória, se assim o desejasse.

Não foi sempre fácil, mas eu tinha a certeza de que estava certa, de que aquelas decisões me levariam a um lugar melhor em relação ao que estava então. Quando coloquei minhas malas no carro para ir embora definitivamente do apartamento onde morava com meu ex-marido, senti uma alegria quase infantil. Parecia que eu estava indo fazer algo há muito desejado, como uma viagem, uma festa, uma ansiedade feliz que antecede as coisas boas. Ao longo dos 36 quilômetros que me separavam do lugar onde eu estava até a casa da Vitória, chorei de medo e pelo fim de uma parte da minha história.

Mas foi um choro completamente diferente de quando deixei a escola em que trabalhava em São Paulo pela última vez, quando também sabia que um capítulo havia se fechado, mas naquele momento o horizonte que eu avistava não me trazia muito alento.

Apesar de não ser uma adolescente recém-saída da escola, uma aluna da graduação, uma jovem com pouca experiência, a verdade é que eu nunca havia tomado tantas decisões sozinha como nos meses entre o fim do meu casamento e o início da condição de divorciada. De repente, eu me senti adulta como nunca antes havia experimentado ser.

Durante aqueles meses, todas as pequenas coisas que eu fazia tinham um ar de primeira vez, como se estivesse renascendo em uma outra dimensão. Comentei com um amigo, na época, que minha sensação era de ter sido casada em uma outra vida, no sentido espiritual mesmo, em uma outra existência, anterior a atual, porque eu me sentia completamente distante daqueles acontecimentos pregressos. Meu corpo havia mudado – o cabelo, as roupas, a postura, a voz. Sentia uma calma que em nada lembravam a Marcela atormentada dos meses anteriores. Tudo isso resumia as mudanças mais imediatas. Não foi fácil me separar, não foi algo leve e tranquilo, mas cada vez que me distanciava mais daquele *modus operandi* anterior, mais bem eu me sentia.

Uma das principais decisões que precisei tomar na fase do término do casamento foi onde morar. São Paulo estava acima das minhas capacidades financeiras como aluna bolsista, sem contar que não tinha amigas com espaço disponível para me hospedar na cidade, e a rotina do mestrado em Brasília demandaria viagens constantes. Minha mãe não queria me ver nem pintada de arco-íris em tons de neon, de modo que ir para sua casa, mesmo que provisoriamente, estava fora de cogitação. Uma rápida possibilidade de viver no lar paterno mostrou-se infrutífera. Percebi que ficar ali traria mais transtornos do que alívio, assim eliminei a última cartada familiar de que dispunha. Brasília era o mais óbvio, lugar onde tinha meu maior vínculo e a principal responsabilidade naquele momento. A acolhida da Vitória veio como um bote salva-vidas no meio de um naufrágio.

Decidi, então, ficar na cidade, e, ao alugar o apartamento com a Vitória, minha principal preocupação era que ela se sentisse confortável nesse lar. Eu só sabia que estaria em Brasília até a conclusão do mestrado, não conseguia vislumbrar muito além, por isso, omiti-me quase que completamente na escolha do imóvel. Tomei o cuidado de garantir que as despesas estariam dentro do meu orçamento, de ser uma localização segura e prática para uma pedestre, já que também não tinha ideia de por quanto tempo daria conta de manter meu carro, e providenciei todos os trâmites burocráticos necessários para o fechamento do contrato de aluguel. Eu precisava desesperadamente de um lar para chamar de meu, ainda que não soubesse por quanto tempo ele duraria.

Às vezes, a Vitória parecia desconfiada com meu total desapego em relação ao tamanho e à qualidade dos apartamentos elencados como opção e com a restrição dos meus critérios: quarto e banheiro separados para cada uma, fácil acesso ao transporte público, valor predeterminado de aluguel e condomínio. Na verdade, eu estava tão feliz com a possibilidade de ter uma casa novamente, que, o que parecia pouco cuidado, era um sonho de consumo para mim. E, realmente, sentia que era muito importante ela estar comprometida e confortável com essa escolha, porque provavelmente seria seu lar por muito mais tempo do que previa para mim.

Quando o final do mestrado e da minha bolsa foram se aproximando, vislumbrei alternativas infinitas para as pautas trabalho e moradia. Em qual cidade e para quais empregos me candidataria? O que eu seria na próxima etapa da minha existência? Para onde eu desejava ir?

Aos poucos fui direcionando minhas forças e energia para trabalhos que estivessem ligados à educação, mas não necessariamente ao ensino de história, como estava acostumada anteriormente. Foi fácil fazer essa seleção, porque, por mais que tivesse um leque de atuação profissional com o qual eu me sentia confortável, o campo da educação sempre foi meu terreno principal, sem dúvidas.

Procurar emprego é um processo desgastante. Preparar currículos, participar de processos seletivos variados, fazer entrevistas, ouvir não ou talvez ou vamos pensar, manter a tranquilidade para apresentar e oferecer sua força de trabalho. Criei uma rotina espartana na busca por uma fonte de renda e, até hoje, impressiona-me como as respostas vieram certeiras, exatamente no momento em que deveriam chegar. A cada novo currículo e apresentação fui entendendo mais sobre mim, sobre as necessidades do mercado, sobre as sutis relações entre oferta e demanda, qual era meu perfil, o que eu gostaria de fazer com meu tempo e quanto de dinheiro eu precisava para manter as necessidades que considerava essenciais. Foi muito bom ter enfrentado esse período, sinto que amadureci ao compreender mais sobre as possibilidades e flutuações do mercado de trabalho e ao perceber que é possível escolher como ganhar o pão de todo dia.

Ainda que eu estivesse aberta a mudanças, logo entendi que era inevitável ter um direcionamento mais preciso sobre a cidade onde desejava estar. Enviar currículos aleatoriamente para qualquer capital do país era uma estratégia randômica demais. Além disso, acredito que orientar forças e energias para uma mesma direção é bem mais eficaz no diálogo com o universo. Orar por qualquer emprego em qualquer lugar é um pedido muito vago para os santos e milagres disponíveis no meu transcendente conhecido.

Por algum tempo cogitei voltar para São Paulo. Comecei a mobilizar minha rede na cidade, refletir sobre bairros e maneiras de concretizar esse retorno. Já tinha até um potencial caso paulistano, para animar um virtual recomeço. Próximo ao final do ano fiz uma visita derradeira, caminhei horas pela Avenida Paulista com meus olhos e coração bem atentos. Gosto de atuar em ciclos e uso com frequência os períodos de final e início de ano para fazer um balanço das últimas vivências, traçar projetos, remexer em sonhos. Assim, pareceu-me oportuno usar aquele dezembro, e a visita à capital com a qual tenho uma conexão tão intensa, como prazo para determinar onde moraria no ano seguinte.

DEPOIS DAQUELE DIVÓRCIO

Meu coração, entretanto, não bateu do jeito que imaginei nem se animou com o céu cinza e os prédios conhecidos. Nem mesmo quando eu comi minhas esfihas favoritas, voltei à sorveteria do bairro e caminhei entre as ruas que me trazem memórias afetivas de uma época em que flanar em busca de arte e comida era minha principal ocupação diária. Pela primeira vez, senti que Brasília era minha casa, senti saudades da vista do meu quarto e, da janela do avião, fiquei feliz ao reconhecer a paisagem do Cerrado. Foram quase dois anos e um divórcio para eu finalmente me encontrar no Distrito Federal. Quando isso aconteceu, eu comecei a esbarrar com rostos conhecidos em comércios nas quadras e a me reconhecer no traçado dos eixos, eixinhos e vias expressas.

Optar por Brasília foi mais uma decisão que fiz pensando em mim, no meu bem-estar, no que acreditava ser a escolha mais genuína para o momento. Nem todos ao meu redor entenderam, alguns reclamaram, mas senti que eu precisava manter esse afastamento do que era então mais conhecido, e que ainda havia coisas boas a experimentar no Planalto Central. Não sei por quanto tempo mais ficarei, tenho a impressão de que ainda não cheguei ao lugar definitivo – se é que isso vai existir novamente –, mas por hora sinto-me bem e em casa. Eu não queria vir, agora não tenho vontade de ir embora.

Entendi, aos poucos, o que talvez Akiva tenha começado a vislumbrar no último episódio da série: não há uma margem segura entre a ruptura e a negociação com a tradição familiar, as receitas sagradas, os padrões de alguns lugares sociais – ou você está de um lado, ou você está de outro. Pela primeira vez em muito tempo comecei a encontrar o meu lugar e assumir os riscos das minhas escolhas pensando exclusivamente em mim.

Acredito que a relação com a família é algo que se transforma periodicamente, conforme crescemos, envelhecemos, mudamos. A separação certamente trouxe uma guinada nesse movimento de rearranjos periódicos. Durante o processo, estive em contato com alguns parentes, tive oportunidade de encontrá-los em almoços e nas usuais efemérides. Foi aconchegante perceber que eu ainda fazia parte daquele ninho comum, estar entre pessoas que me conheciam desde que eu era pequena, conversar com primos e tias estando em uma situação inteiramente nova. Nessa fase, eu precisei muito de carinho, de me sentir amada, do amor incondicional que só os familiares sabem oferecer.

A semana em que assinei os papéis do divórcio foi especialmente difícil. Ter que conversar com meu ex-marido e encontrá-lo várias vezes, naquela situação, quando ele não estava exatamente tranquilo e de bom humor, foi um tanto dolorido. Por mais que eu não quisesse mais aquele casamento, foi triste encerrar esse capítulo da minha vida. Lembrei-me da primeira vez que fomos ao cartório, para nos casar, do tanto que o amei e desejei ser sua esposa, do tanto que ele se esquivava e fazia pouco caso da cerimônia em si, do quanto estávamos felizes na casa nova durante os dias de folga da licença gala. Às vésperas e logo depois da assinatura do divórcio, eu chorava o tempo todo, dilacerada por dentro. Foi uma epifania receber a visita do meu pai no final de semana.

Aproximei-me bastante do meu pai durante a separação, conversamos várias vezes sobre esse processo. De repente, éramos dois adultos que haviam vivenciado o final de um casamento, compartilhando os altos e baixos desse processo. Tê-lo por perto naqueles dias, após o cartório, abasteceu-me de carinho, fez-me sentir amada novamente. Independentemente do que viria a acontecer comigo, sabia que podia contar com aquele amor de família.

Foi uma passagem rápida, mas cheia de acalento. Bebemos na beira da piscina, caminhamos no parque, almoçamos na vizinhança, e o papo fluiu. Foi uma alegria incomensurável poder recebê-lo na minha casa e compartilhar um pouco da minha rotina brasiliense. A todo instante meu pai me dizia que eu estava ótima e que meu apartamento e meus amigos eram uma graça, ele se regozijava com as possibilidades de bem-aventurança que a cidade e esse novo momento haviam me proporcionado. Justamente na semana em que eu estava me sentindo pior do que o verme do carrapato da pata do cavalo, mal tinha dinheiro para tomar um café na lanchonete da biblioteca. Eu estava péssima naqueles dias, chorava compulsivamente todas as vezes que ficava sozinha em casa, mas a visita do meu pai mudou tudo, tirou-me daquele sofrimento sem fim. Achei uma graça ele ficar repetindo que eu estava bem e demonstrar uma surpresa sincera com tudo de bonito que via ao meu redor. Depois que ele se foi, as coisas se acalmaram, e pude seguir abastecida para os próximos desafios.

A conexão com a família originária, para além de pai e mãe, é algo intrigante. Lembro-me de um conto da Alice Munro, "Wenlock Edge", em que a protagonista se muda para fazer a faculdade em uma região onde um tio distante vive. Ele então, começa a levá-la uma vez por semana para almoçar (ou jantar, não tenho certeza, mas era um compromisso que envolvia comida), como uma função que ele deveria executar, sem questionar se havia algo em comum entre eles para além do laço sanguíneo, algum assunto ou conexão que tornasse esses encontros mais genuínos. Ele levava a sobrinha para comer como uma obrigação inquestionável, uma rotina que deveria ser cumprida, socialmente aceita e esperada. Acho graça quando a personagem questiona esse compromisso que o tio cria de uma maneira que lhe parece aleatória: não porque são amigos ou têm afinidades, mas apenas porque são parentes.

Quanto de comum mantemos com nossa família? Quanto precisamos manter para ainda fazermos parte dela? Eu sinto uma identificação enorme com a maior parte dos meus primos e tios, adoro as lembranças que tenho e reconheço tudo o que aprendi e continuo aprendendo com eles. Ao mesmo tempo, percebo que há uma distância intransponível: estamos em estados diferentes, não concordamos em muitos posicionamentos políticos e nossa convivência esparsa dificulta a troca de intimidade. Às vezes, sinto falta de estar mais presente fisicamente, participando dos momentos que acompanho apenas por fotografias no celular, outras horas agradeço a distância segura que nos separa e, ironicamente, garante a harmonia familiar.

Já busquei namorados e potenciais esposos pensando na tranquilidade social e familiar que, teoricamente, um homem ao meu lado me traria. Ao conhecer rapazes interessantes, já me flagrei imaginando seu comportamento em um evento realizado pelas minhas tias, como ele agiria diante de piadas do tipo "É pavê ou pra comê?", que toda família faz.

Entretanto, ultimamente tenho me questionado sobre o quanto de aprovação familiar eu preciso ter na minha vida atual. Não que eu pretenda fazer uma ruptura radical com minha tradição, mas, ainda assim, reconheço as diferenças. Acho que a hipótese de perder o lastro com essa origem me causa uma certa desestabilidade, de repente, não ser mais possível nos reconhecermos, não identificar mais coisas comuns para além do vínculo de sangue.

Na brincadeira imaginária de levar um parceiro para o convívio familiar, reflito: em que momento da relação eu preciso apresentar esse companheiro aos meus pais, tias, irmã? De que forma seria essa apresentação? Um convite para que ambos os lados conheçam partes da minha vida? Para que um lado aprove o outro?

Recentemente, tive um namorado que seria o genro ideal para a minha família: conversava com desenvoltura sobre temas variados, comia e bebia em doses italianas, bem instruído, salário considerado alto para o padrão nacional e louco para casar comigo em uma festa tipo conto de fadas. Saber que eu teria a aprovação das minhas tias mexeu comigo, como se ter a aprovação dos meus parentes me recolocasse novamente dentro daquela família, em um lugar muito confortável.

Durante meses tentei, com todas as forças do meu ser, primeiro, apaixonar-me por esse homem, depois, admirá-lo e, por último, desejei apenas que eu conseguisse conceber uma rotina praticável com esse ser humano referendado pelos padrões da tradicional família brasileira. Em vez de sentir alegria e gratidão por esse namorado, eu chorava dia sim, dia não, porque eu não sentia paixão nem paz, cada vez que passávamos mais tempo juntos, mais eu me entristecia, meu corpo se fechava, e meu coração agoniava. Depois de quase um ano, eu estava exausta e desisti, em respeito a mim e a essa pessoa que sincera e pacientemente ansiava estar ao meu lado.

Aos poucos entendi que, hoje, eu não vivo mais com essa família originária. Por mais que eu os ame, por mais que eu respeite e valorize os vínculos e encontros que temos, não são essas pessoas que me confortam quando estou doente ou preciso de um conselho. Gosto de fazer parte desse grupo familiar, sinto-me grata, continuo aprendendo muito com eles, mas a verdade é que construí outros referenciais, laços que estão rotineiramente em diálogo comigo. Para essa nova família que construí, o principal critério de aprovação para um namorado é, simplesmente, eu me sentir bem no relacionamento. Para essa família contemporânea, aquele homem modelo estava completamente fora dos padrões praticáveis desde o início.

Reconstruir laços e bases emocionais foi parte essencial do meu processo de separação. Para além das divisões de amigos, algo inevitável na ruptura de um casal de longa data, aprendi a recolocar minhas amizades em um outro lugar, a repensar minha responsabilidade nesses laços afetivos e a ser uma amiga diferente. Sinto que todos os meus relacionamentos melhoraram em qualidade, e, os que ruíram, foi por não entrarem em sintonia com essa nova forma de estar. Aprendi a duras penas que os amigos são importantes pelos momentos vividos juntos, pelas pequenas epifanias que eles fazem surgir, e não pela participação onipresente e total sintonia de opiniões. As amizades têm variadas durações e intensidades, por isso também passei a valorizar o espaço diferente que eu ocupo em cada uma dessas existências.

Um dos êxitos advindo do período em que dividi a casa com a Vitória foi que sabíamos separar muito bem as rotinas e, magicamente, uni-las também. Não me lembro de nenhum episódio em que senti necessidade de ficar sozinha e não consegui, nem o inverso: nos dias de desalento, de repente, ela estava lá, livre para um almoço ou um drinque divertido. Uma única vez senti uma sensação esquisita, uma espécie de ciúmes, quando a vi nas redes sociais rodeada de gente que eu não conhecia, em uma festa para a qual eu não havia sido convidada. Observei aquele sentimento e, diante daquela imagem, olhei tudo bem de frente. Com muita firmeza, conversei comigo mesma e concluí: eu não estou nesta fotografia, mas estou em muitas outras, em tantos outros momentos que compartilhamos juntas, que bom ver uma pessoa que amo tão bem, rodeada de amigos e feliz. Senti gratidão pela saúde e pela alegria que transpareciam naquele registro.

A partir de então entendi que meu sincero desejo é de que as pessoas que eu amo e são importantes para mim estejam bem, eu não preciso estar ao lado delas para que isso aconteça. Quando compreendi isso, minhas amizades se fortaleceram, meus grupos de amigos fluíram, e passei a nutrir laços em que ambos desejamos permanentemente não a presença física, mas o bem estar alheio.

Essa foi uma mudança cultivada no processo do divórcio, porque, antes, minhas principais relações afetivas, com meu ex-marido e minha mãe, por exemplo, eram baseadas em um compartilhamento quase que absoluto de sentimentos e ideias, em que a ausência física e a falta de concordância em alguma opinião eram sinais de ruína e falta de amor.

Minha mãe não lidou exatamente bem com a minha decisão de me separar. Ela gostava muito do meu ex-marido, sentiu um *déjà-vu* do próprio divórcio e medo pelo que poderia acontecer comigo. No começo tentei dialogar, depois desisti, porque já estava difícil demais lidar com tudo aquilo sozinha, não tinha energia para ainda dar conta das oscilações de humor e chantagens emocionais maternas. Eu precisava seguir adiante com a minha vida: entender-me comigo mesma, conseguir um emprego, escrever uma dissertação. Logo, percebi que eu deveria concentrar as energias em mim, do contrário, iria naufragar.

Entendi que ela teria que se resolver sozinha com as próprias pirações e me afastei, deixando claro que já tinha problemas suficientes para resolver, que não tinha condições de assumir os dramas dela também. Lembro uma das últimas tentativas em que procurei chamá-la para perto, apelando por uma empatia entre mulheres, divorciadas – o mesmo papo, olho no olho e entre adultos, que havia tido com meu pai. Pedi a ela que buscasse se colocar um pouco em meu lugar, que se recordasse de quando ela também precisou se refazer após uma separação e que, finalmente, se não entendesse minha escolha, ao menos manifestasse compaixão pelo que eu então enfrentava. Lembro que estávamos ao telefone, ela dirigia enquanto voltava de uma viagem e, ao ouvir a palavra "compaixão", interrompeu-me. Começou a esbravejar frases, como "Compaixão o quê? Eu quero mais é que você se exploda! Você que tomou essa decisão infundada. Você está louca! Você não vai conseguir trabalho, marido. Você acha que o mundo é um mar de rosas? Você não tem a menor ideia do que está fazendo com você mesma". Suspirei e desisti. Ela precisava dirigir mais alguns quilômetros até o fim da sua viagem, e eu não queria provocar nenhum acidente de trânsito. Eu também tinha minha estrada a percorrer e precisava manter minha sanidade mental para não errar o caminho. Por fim, afastamo-nos, algo se quebrou nesse processo.

O primeiro Natal que passei divorciada foi tenso. Minha família não me deixava um minuto sozinha, como se eu fosse uma criança prestes a quebrar algo ou colocar a mão em algum buraco proibido. Rodeavam-me de perguntas para as quais eu não tinha respostas e se espantavam positivamente com minha calma e meu figurino renovado. Entendi que era apenas preocupação, cuidado, amor e deixei rolar aquele zelo que me pareceu um tanto desmedido para a ocasião.

Meus pais também são separados há décadas, e, desde então, temos o hábito de dividir a companhia nas datas comemorativas. Não é uma matemática exata, já me peguei algumas vezes jantando primeiro com um, depois com outro, apenas para garantir a presença a ambos. Meus pais não têm uma convivência exatamente saudável, não que se odeiem ou que seja algo agressivo, é mais como se tivessem nascido em planetas diferentes. Custo a crer que foram capazes de produzir um ser humano juntos, mas foram, e esse fato promove alguns diálogos e encontros esporádicos entre eles. Por não haver um idioma comum, criamos o hábito de fazer tudo separado, sendo assim acostumei a me fracionar nos eventos em que pressupunha a presença familiar dos dois. O Natal é um desses momentos e, para meu alívio, é uma data que se divide em duas, portanto, sempre consegui manejar a matemática do comparecimento com mais facilidade, ainda que em alguns anos tenha sido cansativo viajar de ressaca apenas para garantir que houvesse um equilíbrio de convivência.

A principal referência familiar do meu lado materno não mora no Brasil, de modo que, há alguns anos, o almoço do 25 de dezembro – que é, oficialmente, a metade da minha mãe nessa comemoração – tem variado bastante. Havíamos iniciado uma tradição de celebrar essa data em Brasília, após minha mudança, o que ficou meio esquisito no meu primeiro ano como divorciada. Então, de repente, estavam minha mãe e eu, um clima ainda amargo pelas discussões recentes e pelo distanciamento, e a previsão de um dia inteiro pela frente sem sabermos nem como nem o quê celebrar em um almoço que, teoricamente, simboliza a união familiar. Mas, como Deus é bom todo dia, naquele Natal aconteceu algo diferente.

O jantar com meu pai, sua esposa e minha irmã havia sido muito acolhedor. A comida foi um equívoco, o que é bastante raro para a tradição da casa, mas todos estavam animados com o cardápio do dia seguinte, que, diferentemente da noite anterior, havia sido preparado pelas mãos italianamente habilidosas da mulher do meu pai. Não me lembro o que era, mas incluía uma carne marinada de véspera e horas de forno, regadas a drinques, queijos e vinhos variados. O papo estava bom, o clima favorável, eu precisava daquele carinho, daquela comida, de modo que não fazia o menor sentido para ninguém eu ir embora dali naquele momento. Então eu não fui, e, espontaneamente, minha mãe também foi convidada a ficar. Uma paz epifânica reinou sobre aquela mesa.

O almoço fluiu de uma maneira tão natural, que parecia que fazíamos aquela celebração juntos há anos. Por algumas horas nos esquecemos das nossas diferenças, do inusitado de estarmos todos reunidos para uma refeição natalina. Havia assunto entre todos, e o amor que senti reunido naquela mesa foi de uma generosidade sem paralelo. A certa altura do dia, já caminhando para o fim, que chegou com a mesma espontaneidade e leveza, sorri e acabei dizendo um chiste irresistível: "Se eu soubesse que isso aqui iria acontecer, tinha me separado há mais tempo". Rimos, tomamos café e encerramos um Natal inesquecível.

Da mesma maneira que encontrei um novo lugar e estreitei meu laço familiar, principalmente com meu pai e minha irmã, após o divórcio algo se quebrou na relação com minha mãe. Não sinto mágoas, tampouco a amo menos por isso, apenas é preciso reconhecer que algo ficou para trás nesse processo, as coisas mudaram entre nós duas, e tudo bem. Hoje encontramos um ponto comum, não ouso dizer de *equilíbrio*, porque essa palavra é um tanto ousada no vocabulário da relação com minha mãe, desde sempre intensa e permeada por altos e baixos, mas reaprendemos a conviver e a seguir nos amando com respeito. Parece que ela finalmente entendeu que sou adulta, que não importa o quanto tente me ameaçar com dramas emocionais, porque, simplesmente, eu vou tomar algumas decisões, é assim que adultos lidam com a própria vida. Gosto quando conseguimos ficar uns dias juntas, em clima de cessar fogo, tomando café e papeando na cama sobre gatos, roupas e vizinhos antigos. Nesses momentos, uma intimidade calma surge entre nós.

Sinto vontade de pegar a mão do Akiva, aquele protagonista do seriado da Netflix, e dizer para ele que não há uma margem segura quando nos tornamos adultos, e precisamos fazer escolhas que levem em consideração o corpo e a vida que carregamos solitariamente. Às vezes, será preciso dizer não, indispor-se com quem amamos, porque ao final do dia resta apenas você consigo mesmo para lidar com tudo o que foi feito ou que não feito ao longo dos anos. Acredito que é possível, entretanto, ter respeito pelo traçado que cada membro da família decide fazer.

Durante uma viagem de férias, que fiz depois do período do divórcio, fiquei doente e precisei me recolher no quarto por mais tempo do que havia planejado para a ocasião. Não que eu tivesse alguma obrigação, horários, mas passar a tarde no computador definitivamente não era meu plano A para uma temporada em Berlim. Resignei-me, porque enfrentar uma amigdalite com o câmbio oscilando em torno dos cinco reais já era ruim o suficiente, portanto, decidi dar um descanso para meu corpo por uns dois dias. Entediada e doente demais para longas reflexões, aventurei-me por canais do YouTube, com vídeos mais curtos e simpáticos à minha condição do momento.

Eu já havia acompanhado algumas entrevistas e materiais produzidos pela Julia Tolezano, do JoutJout Prazer, e aproveitei aquele tempo para dar uma olhada nas pautas disponíveis nesse canal. Sempre me impressiono com a sabedoria de várias falas dela – na idade dela, acho que eu era bem mais tonta e menos politizada para grande parte dos temas que são apresentados no canal e em entrevistas. Foi nessa temporada de descanso forçado que assisti pela primeira vez ao vídeo *Solidão é fera, solidão devora*. Já revi essa gravação em outras ocasiões, mas ainda me lembro do efeito que teve sobre mim naquela tarde nublada nos arredores de Kreuzberg.

Eu estava em uma viagem que fiz em paz, surpresa com a descoberta da minha própria companhia, sem ter compromisso emocional com homem algum. Estava incrivelmente desinteressada pelo sexo oposto ou em parecer atraente e disponível para o amor. De modo que aquele vídeo caiu como uma luva nas minhas reflexões além-mar. Eu não encontrava nenhum problema em estar sozinha, pelo contrário, foi uma explosão de alegria ter minha própria companhia depois de tantos anos me sufocando de outros seres humanos. Ouvir a Jout Jout concordando comigo foi muito reconfortante.

Resumidamente, a tese desse vídeo é: "A solidão não é um problema que você precisa resolver". E não só não é um problema, como também, do meu ponto de vista, é algo que você precisa desenvolver. Estamos sós neste mundo, só precisamos do próprio corpo para estar aqui e, ainda que laços afetivos sejam criados, você continua sendo responsável por esse único corpo. Mesmo casada, com filhos, amigos, parentes, bichos ou qualquer outro tipo de presença física na sua vida, existirão momentos em que você estará só consigo mesma.

Há quem jogue no outro a responsabilidade pela própria felicidade, pela própria saúde, que se furte de tomar decisões e assumir escolhas, evitando essa solidão – não os julgo, apenas não me parece o melhor caminho para seguir durante essa existência na Terra.

E, reconhecendo a solidão inerente a mim, ainda me surpreendo por perceber que sou livre. O que não significa absolutamente a ausência de obrigações, responsabilidades, seja com o trabalho, seja com as pessoas que amo. Mas finalmente entendi que posso escolher o que fazer com meu tempo, dinheiro, paixões e lidar com as consequências de cada decisão. Era como se antes de me separar, eu acreditasse que meus desejos eram equivocados, que eu não podia fazer o que tinha vontade, seguir meus instintos, porque eles irremediavelmente eram errados, causariam danos a mim e aos que estavam ao meu redor. Talvez, um pouco porque eu não quisesse realmente assumir as responsabilidades das minhas escolhas, misturado com medo de ser repreendida e lidar com o novo. Mas, agora que eu aprendi que posso, seguirei fazendo isso todos os dias da minha vida.

2.2 MEU NOME É GAL

Em 1969 a cantora Gal Costa lançou o álbum *Meu nome é Gal*, com uma música homônima, escrita por Erasmo e Roberto Carlos. A primeira vez que ouvi essa música foi em uma fita cassete, em um dos primeiros carros que tive, na época do cursinho pré-vestibular e primeiro ano da faculdade. A memória visual que essa música me traz é da estrada dos Bandeirantes, que liga São Paulo ao interior, trajeto rotineiro daqueles anos. Na época outras músicas do álbum mexeram mais comigo, mas a voz aguda e meio desesperada da Gal nessa letra ficou registrada em meu corpo. Assim que me separei, essa letra explodiu como um hino, quase um mantra, que trouxe sentido a muitas ações que eu então sentia e fazia.

Simplificadamente, a mulher da música está desesperada por um amor e topa qualquer um. Pode ser alto, baixo, magro, careca, crente, sem fé nos homens ou no transcendente, rico, pobre, jovem, velho: "Eu amo igual, meu nome é Gal", diz a letra. Não é uma música romântica nem de fossa estilo sertanejo-fui-largada-estou-no-bar. É mais do tipo estou no mundo tentando algo, mas não sei exatamente por onde ir. Pelo menos é esse sentido que ela trouxe para mim.

Logo que me separei, eu tinha uma necessidade enorme de outros cheiros, corpos, beijos, sexos. Eu precisava estar com outras pessoas da mesma forma que eu precisava respirar, sentia uma fome permanente de um outro. Para além da ideia romântica de ter um novo relacionamento, eu me sentia tão alerta, tão intensa, sentia um tesão enorme pela vida que não cabia em mim. Era como se eu transbordasse de desejo e energia e precisasse compartilhar essas sensações, ser ativada por outras mãos e peles. Não fazia a menor diferença quem era esse outro, meu nome definitivamente era Gal.

Foram tempos divertidos, confesso. Hoje, no momento em que escrevo, não consigo me imaginar saindo com aqueles caras novamente. Mas, na época, fez todo o sentido, fico feliz por tê-la vivido intensamente.

Eu só queria dar, e não fazia muita diferença quem era o outro ser humano. Existia um critério básico: nada de pessoas alcoolizadas ou visivelmente alteradas pelo uso de algum entorpecente – convém estar em plena consciência para sentir e usar o corpo. Para além disso, não me lembro de nenhum outro parâmetro que me impedisse o flerte. Eu flertei com o cozinheiro do restaurante universitário, com os boys do metrô, com jovens no carnaval, com algum caminhante na rua ou no café da biblioteca. Quaisquer dia e lugar eram uma oportunidade para um potencial encontro. Sagrado era apenas meu ambiente de trabalho, porque pagar as contas com tranquilidade é melhor do que gozar.

Justiça seja feita, o universo foi muito generoso comigo. Tive ótimos encontros, poucas ciladas e a ajuda certeira dos aplicativos especializados. Antes de existirem os smartphones, os corações e corpos carentes utilizavam as salas de bate-papo virtuais e, antes ainda, números de telefone para conversar e marcar encontros às cegas. Voltando no tempo mais um pouco, havia a troca de correspondências. Fazendo o exercício temporal inverso, talvez, cheguemos a um futuro em que algoritmos encontrem o par perfeito e o romance definitivo, como a ficção vislumbra em tantas séries e filmes. De um jeito ou de outro, as pessoas tentam se arranjar nos desejos da alma e da carne.

Minha fase dos aplicativos foi auspiciosa. Lembro ainda do primeiro encontro arranjado dessa maneira. Ele era de São Paulo, mantinha um leve sotaque, alguns anos mais velho do que eu, casado, mas com um relacionamento aberto. Quase nos tornamos amigos: ele gostava de conversar, independentemente de fazermos sexo, e tinha uma disponibilidade incrível para encontros presenciais. Pareceu-me carente, excessivamente apegado à velocidade e à quantidade de mensagens que trocávamos. Preferi me distanciar. Acabei ficando mais interessada na mulher dele, na verdade, que era uma artista local descolada e, aparentemente, pouco apegada ao marido. Vou chamá-los de Carlos e Andreia.

Eu gostei mais de conhecer o Carlos e a sua história do que propriamente de transar com ele. O sexo era bom, ele era gentil, educado e pagava sempre a conta, fato que na época era um precioso diferencial, porque meu orçamento não permitia pagar nem o couvert dos lugares onde nos encontrávamos. Foi uma estreia agradável no mundo dos aplicativos. Após umas duas noites, meia dúzia de almoços e alguns cafés, marcamos de ir a um bar nós três: a esposa, ele e eu.

Carlos não foi o único homem casado com quem saí. Respeito os relacionamentos alheios e só aceitava esses encontros quando a situação era declaradamente combinada entre marido e mulher. Acabei por criar a seguinte teoria: nos casamentos abertos sempre existe um lado infeliz, que não quer exatamente estar pegando geral, mas topa a ideia para manter o relacionamento. Parece contraditório aceitar sair com outras pessoas para manter uma única ao seu lado, mas foi essa a impressão que tive. Carlos me pareceu ser a parte contrariada, que preferia mesmo ficar tomando um drinque na beira da piscina com a esposa, em vez de sair em *dates* aleatórios que nem sempre terminavam em uma boa noite de sexo.

Vamos combinar: encontros dão trabalho. No caso de Carlos e Andreia ainda envolvia a dinâmica de conseguir alguém para cuidar da filha. Além da organização logística, existe o tempo da preparação, banho e maquiagem, e do deslocamento, envolve gastos, dormir tarde e, às vezes, pouco. Definitivamente estou em uma fase caseira, de modo que encontros às cegas, hoje, só se eu puder ir a pé e logo depois do expediente, para não ter nem o trabalho de escolher uma roupa. Mas, nos tempos de Gal, atravessava a cidade na maior alegria para encontrar uma vida desconhecida.

Na série *Easy*, da Netflix, tem um casal que decide abrir seu relacionamento. Eles estão meio em crise (aparentemente os casais não fazem essa escolha porque estão felizes) e começam a fazer sexo com outras pessoas. Acho a mulher bem egoísta, na real, mas o marido a ama e segue o fluxo. Na terceira ou quarta temporada, a mulher leva um fora de uma paixonite. Emocionalmente descompensada, ela encontra o marido, por acaso, em um bar e começa uma discussão sobre seu sofrimento, propondo fechar o casamento novamente. Ela diz algo como: "Eu não estou me sentindo mais amada ou mais feliz com essa situação". O marido, então, dá uma resposta linda: "Mas eu estou. De repente, eu me vejo na rua de novo, gordinho, quarentão, conquistando outras garotas, aprendendo a lidar com minha autoestima, conhecendo outros olhares, outros corpos. Estou me sentindo mais vivo". Será que é por isso que algumas pessoas decidem abrir seus relacionamentos, porque dentro de casa, na intimidade conhecida do casal, não há mais essa empolgação da descoberta, a emoção do desconhecido? Por que as pessoas continuam se casando então, se essa falta de emoção é destino inexorável? O que, afinal de contas, mantém os casais juntos?

Encontrei uma resposta possível à última pergunta no livro *Esboço*, da Rachel Cusk. As personagens – ambos divorciados, um deles mais de uma vez, inclusive – conversam justamente sobre quais amarras garantem um casamento, e quais motivos levariam à separação. O diálogo apresenta um delicado exemplo: o casamento funciona, mais ou menos, como uma carroça que carrega uma quantidade improvável de feno e segue balançando de um lado para o outro, impassível aos buracos da estrada. Eis que, de repente, um solavanco faz a carroça virar, e não há mais nada que se possa fazer para juntar de volta o feno solto pela estrada, como se as sutis e precisas amarras que garantiam o balanço seguro houvessem se soltado de maneira irremediável. Não há explicação para os nós que, antes, sustentavam aquele peso, em uma inextricável combinação de cordas e movimentos de desvios que a carroça fazia, tampouco é possível identificar por que naquela exata curva, tão parecida com tantas outras atrás, a carroça simplesmente virou.

Não lembro exatamente por que, mas um dia Carlos e eu combinamos de nos ver à tarde, entre o final do expediente dele e o horário de saída da escola da filha. Tínhamos pouco tempo e marcamos em um motel para otimizar o encontro. Estava tudo indo bem, como das outras vezes, eis que ele me pediu encarecidamente que eu gozasse em sua boca. Um pedido fácil de atender, meia hora depois ambos tínhamos atingido a meta proposta. Então, ele me abraçou forte e disse: "Obrigado, isso foi muito importante para mim". Eu nem respondi, já fui me levantando, porque o horário do quarto estava prestes a terminar e a gente tinha muito o que fazer fora dali. Sua atitude me pegou de surpresa, minha vontade sincera foi dizer: "Sério mesmo, gato? Eu gozo em casa com um pedaço de plástico que treme, o que acabou de acontecer aqui não foi nada de especial". Fiquei pensando como duas pessoas, fazendo algo juntas, podem ter percepções tão distintas da mesma experiência. Mal sabia eu, então, que esse tipo de desencontro é muito mais comum do que imaginava.

A primeira vez que saí com Carlos e Andreia foi bem agradável. Ambos estavam bêbados, de modo que atingiram meu único critério restritivo para fazer sexo. Eram inteligentes, lindos, ótimo papo, teria passado a noite toda conversando com eles e lamento não termos tido a oportunidade de nos encontrar outras vezes. O clima estava divertido e todos já havíamos entendido que não rolaria sexo naquele dia. Em algum momento oportuno da conversa, Andreia me olhou nos olhos e disse: "Eu não me senti ameaçada por você de maneira alguma". Respondi com um sorriso e fiquei pensando depois no significado daquelas palavras.

Aquela frase não tinha muito sentido. Por um lado, para me tornar algum tipo de ameaça, era preciso que eu estivesse minimamente interessada naquele homem e, definitivamente, eu não estava. Os encontros até então já haviam me bastado e, àquela altura do campeonato, eu já estava envolvida em outro caso. Por outro lado, entendi que a Andreia marcava seu território, porque ela gostava do Carlos, do seu casamento, e achou importante fazer essa distinção, deixando as coisas no seu devido lugar. Foi bom ouvi-la dizer assim, abertamente, como um alerta de que ameaças estão sempre rondando – ameaça no sentido de pessoas, situações, coisas que tensionam um casamento e podem afetar sua estabilidade. Por que arriscar, então, perder uma relação preciosa em troca de meia dúzia de orgasmos?

Eu não tenho resposta para essa pergunta. Conversar com esse casal me trouxe outras dúvidas mais. Quanto ao sexo descompromissado, sem expectativa de um relacionamento amoroso, é possível fazer? Sei que é bem tranquilo simplesmente dar uma trepada e seguir a vida, fiz isso várias vezes, mas em tantas outras também me envolvi emocionalmente, construindo meus castelos de areia. Como dosar esse termômetro quando já se está comprometida com um relacionamento?

Conheci um outro homem casado que já estava há vários anos saindo com outras pessoas. Ele me contou que começaram com encontros entre casais e, por fim, como essa dinâmica aparentemente era muito trabalhosa e seu tesão mais voraz do que a agenda de ambos, ele seguia sozinho encontrando mulheres nos aplicativos. Perdi a conta do número de vezes que nos vimos, ele trabalhava em casa e eu passava lá no meu horário de almoço. Engraçado que tudo era tão prático com ele que não existia a menor sombra de um sentimento adicional. O sexo era ótimo e o papo também fluía bem. Um caso clássico do sexo sem compromisso. Cerca de um ano depois que nos conhecemos ele me contou que havia se separado. Achei curioso, conversamos por telefone, mas as rotinas ficaram desencontradas e não nos esbarramos mais.

Uma das coisas que eu mais gostava das conversas por aplicativos era perceber o quanto as pessoas têm medos e alegrias comuns. Muitas pessoas nesses espaços virtuais estão em busca de diversão, de um carinho, de viver uma emoção – seja porque estão só, seja porque estão em um relacionamento que não lhes basta. Cada vez que eu conhecia alguém diferente, procurava entender a sua trajetória, quais caminhos o conduziram até ali, até aquele instante em que estávamos juntos. Ao mesmo tempo em que conhecia essas outras vidas, eu me apresentava, escolhia uma maneira de narrar a minha própria trajetória, de compartilhar por que eu estava em Brasília, como havia sido minha semana, quais eram meus anseios para o futuro. Era um exercício de vitalidade, como se eu fosse inundada por aquelas histórias ao mesmo tempo em que me colocava no mundo novamente. Saber que outros seres humanos também se separavam, ficavam inseguros com questões financeiras, sentiam desejos e sonhavam me trouxe uma paz interna. Finalmente, entendi que as possibilidades de vida são infinitas, e não existe um tabuleiro que nos prende a um caminho único. Foi muito gratificante ter conhecido todas aquelas pessoas.

Acredito que, quando estamos abertos para algo e sensíveis a determinada necessidade, o universo se encarrega de nos levar para onde é preciso. Eu precisava ter outras vidas na minha, conhecer e estar com as mais diversas pessoas para entender as transformações que aconteciam e a Marcela que sairia no final do percurso.

Sendo assim, partindo do pressuposto de que quaisquer dia e lugar (exceto no trabalho) podem ser uma oportunidade para conhecer alguém, compartilhar uma parte da própria história e, eventualmente, os corpos também, comecei um papo com um rapaz na Vitamina Central, uma lanchonete nada promissora para romances – é quente, apertada, sempre cheia e serve salgados e sucos naturais no balcão, mediante senhas, gritos e cotoveladas de clientes apressados. Eu adoro a Vitamina Central. Um clássico da vida brasiliense. Entre um suco de beterraba e um salgado de queijo, o moço ao lado fez um gracejo, trocamos telefones e, alguns dias depois, tínhamos um *date*. Vou chamá-lo de Cícero.

Cícero e eu tínhamos a mesma idade, mas ele só me chamava de *menina*. Como eu estava em uma fase toda trabalhada no budismo e na psicanálise, expliquei-lhe, gentilmente, que esse não era um vocativo adequado: além de sermos ambos da década de 1980, eu trabalhava, morava sozinha há anos, era independente, recém-divorciada e absolutamente integrada ao mundo dos adultos. Tanta compreensão me levou a sair com Cícero umas duas vezes, que, reconheço, foram encontros equivocados. Ele era interessante, gentil, mas careta demais na cama e aquela mania de ficar me chamando de *menina* me irritou profundamente. Apesar de não sentir vontade de engatar um romance com ele, Cícero tinha uma energia ótima e me fez bem encontrá-lo por acaso na W3, em uma tarde de dezembro, perto do meu aniversário. Sim, Brasília pode ser carente de esquinas, mas é possível esbarrar com conhecidos em algumas partes da cidade mais amigáveis aos pedestres.

O caso com o Cícero acendeu um alerta em mim: Marcela, você não precisa fazer sexo com todas as pessoas que achar interessante, é possível estabelecer um laço de amizade, apenas. Eu gostava de conversar com o Cícero, sua companhia era leve, mas a verdade é que a gente não tinha muito a ver como casal – no afã pela conexão sexual, senti que perdi a chance de cultivar uma amizade com alguém bacana.

Aos poucos fui percebendo que eu era transformada pela convivência com aqueles homens, não me importando se o convívio seria de uma noite ou de alguns meses. Acredito que transformei parte deles também e contribui com a caminhada de alguns que, como eu, buscavam encontrar-se no mundo.

Meu primeiro réveillon divorciada foi uma epifania de encontros. Eu tive medo de aceitar o convite da Vitória, pois alguns fantasmas na cabeça sopravam ideias de que minha presença seria um incômodo ou algo inadequado. Que alívio entender que os convites são sinceros quando feitos por amigos e, da mesma forma, a ausência de um convite significa apenas que em determinadas ocasiões não é possível ter sua presença, nada mais. Aceitar o convite da Vitória para passar o réveillon com ela e parte da sua família foi uma das decisões mais inteligentes que tomei naqueles meses.

Foi minha primeira viagem oficialmente divorciada, vivendo nesse novo lugar de adulta que mora sozinha em Brasília. Fez um bem enorme me reconhecer em um outro tipo de viagem: com amigos também adultos, que comem, acordam, fazem o que têm vontade, e, ainda assim, todos se encontram nos desejos comuns. Cerca de um ano depois, na minha primeira viagem internacional divorciada, senti de novo essa paz, essa sensação de estar no lugar certo, com as pessoas certas. Foi um período interessante, em que tudo tinha um pouco desse gosto de primeira vez, de experimentação, de uma vida nova.

Aquele réveillon trouxe dias de sol, conversas, tranquilidade e boas comidas. Já no final da temporada, voltando de uma praia afastada, chamamos um Uber e seguimos para casa descansar. Eu estava bem tranquila, na paz de Oxalá, quando o motorista subiu os óculos escuros e olhou bem no fundo dos meus olhos. Gal ajeitou o cabelo, colocou a mão no rádio e disse: "Você gosta de música?".

O nome dele era Marcos. Havia se divorciado há bem pouco tempo e, cansado do estresse da situação, de lidar com o novo namorado da ex-mulher e engolir o orgulho de quem não queria se separar, pegou o carro e saiu viajando como motorista por algumas praias do Brasil. A estratégia era sagaz, porque podia se sustentar ao mesmo tempo em que espairecia, conhecia outras paisagens e pessoas. Sensível à situação, sugeri que ouvíssemos Bethânia, conselheira certa na hora do aperto emocional – como resistir ao seu pedido de "Me agarra na cintura, me segura e jura que não vai soltar?" Marcos não resistiu, e, durante a noite, estávamos nos agarrando no quintal da minha hospedagem.

Foi uma noite esquisita. Eu estava um pouco constrangida e preocupada em acordar as outras pessoas da casa, se tomava café da manhã com o ele ou se pedia que fosse embora no meio da noite. Arrependi-me amargamente de não ter comprado uma passagem para o dia seguinte, como meu instinto havia me soprado meses antes, e ter tido a oportunidade de desfrutar mais da companhia do Marcos. Nunca mais nos encontramos, mas conversamos bastante por telefone. Lamento não ter sido possível ter sua presença física mais vezes naquela temporada.

A verdade é que não tínhamos absolutamente nada a ver um com o outro, e aquela paixão de verão foi ótima ali, na praia, mas sem chance de subir a serra. Marcos era um religioso dedicado, havia se casado virgem, tinha ideias machistas e um tanto preconceituosas, pouca educação e me olhava como se eu tivesse saído de outro planeta. Às vezes, sentia que eu era para ele como um bicho de zoológico, uma entidade de outra dimensão. Ele me perguntava: "Você, que é uma mulher assim, independente, meio feminista, o que pensa disso?" Ou, então: "Acho que essa música é das que você gosta, assim, diferente". De certa forma, eu me sentia bem em poder dar essa oportunidade a esse ser humano, de conhecer mais sobre este outro ser, como ele dizia: "A mulher independente, inteligente, feminista", e entregar-lhe alguns relicários desse mundo de cá.

Marcos também contribuiu com meu aprendizado sobre os homens. Até o momento, é dele o maior pau que eu já vi. Destronou meu querido Vadinho paulistano e provou que a natureza é sem limites. Sinceramente, não sei como a ex-mulher dele deu conta daquela jeba por tantos anos, eu precisei lhe esclarecer, gentilmente, que algumas performances ficavam mais inacessíveis com um membro de tamanha envergadura.

Ele não sabia da dimensão do próprio corpo, que o mercado de camisinhas oferece diferentes ajustes, tampouco das possibilidades de flerte que seu novo status divorciado lhe permitia. Conversávamos quase todos os dias por telefone, sua voz me dava um tesão louco. Ainda tenho gravada sua imagem sem roupa em frente ao espelho, espantado com a fotogenia de seu membro duro de perfil. Marcos parecia um pouco adolescente, fazendo descobertas sobre si e o mundo ao seu redor. Foi bom tê-lo em minha vida por algumas semanas, mas quando comecei a cogitar uma viagem para revê-lo, uma voz de sensatez surgiu lá do fundo, soprando que estava na hora de terminar o caso com o Marcos.

Esse período de encontros, de desejo pela vida, foi um tanto frenético, por vários motivos. Primeiro, eu passava bastante tempo fora de casa, queria estar pela rua, ver gente, paisagens. Segundo, abrir-se para o outro, envolver-se, refletir sobre as ondas que a entrada de outras pessoas provocava em mim, exigiam uma energia intensa. Tanta disponibilidade começou a me incomodar, foi difícil achar um equilíbrio.

Estava tão sensível e maravilhada, vendo amores em todas as esquinas. Bastava a pessoa fritar um ovo e me enviar uns emoticons felizes para eu já imaginá-la especial e mergulhar em uma paixonite. Eu me apaixonei tantas vezes, e era tão bom sentir de novo aquela emoção adolescente. Aos poucos, todo esse movimento começou a ficar emocionalmente cansativo, porque, por mais que fosse algo passageiro, demandava um investimento do gostar, do desgostar, três dias de músicas e sonhos românticos seguidos de uma semana de fossa com as músicas de Maria Bethânia. Havia me tornado uma kamikaze do amor e precisava quebrar esse ciclo.

Para evitar me apaixonar a cada noite de sexo & meia dúzia de copos de cerveja, tive a brilhante ideia de criar algumas regras para atrasar ou evitar a paixão repentina. Inventei estratégias como não tomar café da manhã junto no primeiro encontro, não enviar fotografias ao longo do dia, nada de falar da família ou do trabalho e outras excentricidades igualmente geniais. A verdade é que funcionou com alguns boys, mas esse caminho acabou me levando a um padrão bizarro de comportamento, e, de repente, eu nem sabia mais como fazer para abrir meu coração de novo.

Comecei a consumir pessoas como cigarros e, aos poucos, perdi a vitalidade que antes me levava aos encontros. Fui ficando cansada e não sabia muito bem como me desvencilhar da Gal, daquela figura que estava sempre pronta para sair pelas ruas e transar com quase qualquer coisa que se mexesse, envolvida em um maremoto de emoções.

Então, como Deus é bom todo dia, chegou a data de uma viagem de cerca de 20 dias pela Europa, um tour que envolvia participar de um congresso acadêmico, rever amigos e flertar com o Leste Europeu.

Essa programação trouxe uma pausa a esse ritmo e, pela primeira vez desde que havia começado o processo do divórcio, desacelerei.

Em alguns momentos, lembrei-me do filme *Comer, Rezar, Amar*, em que a linda protagonista também se lança em uma viagem após um divórcio tenso. Minha travessia até o outro lado do Atlântico tinha objetivos diferentes da história do filme, acho que não serviria como roteiro de ficção, mas o exercício do afastamento do centro dos acontecimentos e de dar um tempo para si foi igualmente transformador. Em relação ao verbo *comer*, do título escolhido por Elizabeth Gilbert, confesso uma aproximação com as minhas primeiras 24 horas em Lisboa, em que bati o recorde de consumo de pastel de nata por dia.

Durante essa viagem, pela primeira vez, de fato, dei uma pausa no convívio intenso com outros seres humanos e fiquei comigo. Eu não sentia nenhuma vontade de flertar ou puxar assunto com qualquer mulher ou homem – a minha própria companhia estava me ocupando completamente. E, de fato, era isso. Foi uma explosão de alegria estar comigo daquela maneira, como se a mesma intensidade que, antes, eu sentia no convívio com os outros estivesse, agora, voltada para dentro, para essa nova Marcela. Eu me surpreendia frequentemente com a paz interna que reverberava em mim.

Nem todos os dias foram tranquilos. Em vários momentos fiquei receosa por ser uma estrangeira desacompanhada, peguei uma virose que me deixou temporariamente acamada, fiquei atrapalhada com alguns horários dos poucos compromissos que marquei. Mas eu precisava daquele período assim, eu nem sabia que seria tão revelador.

Os meses que antecederam essa viagem haviam sido especialmente tumultuados. Acumulei três empregos para dar conta de um câmbio maluco, dormia pouco e tinha um caso em andamento com um cara que só me encontrava depois da meia-noite. Eu estava exausta e só me dei conta disso quando cheguei ao Velho Mundo. Aqueles dias, em outro continente, me trouxeram alívio e me ajudaram a completar o processo de reconexão comigo mesma.

DEPOIS DAQUELE DIVÓRCIO

A última grande viagem de férias havia sido com meu ex-marido e, exceto pela comida e pelas obras de arte, não foram dias divertidos. O casamento já estava claramente no telhado, e eu me esforçava a todo momento para ser uma companhia agradável, de modo que conseguíssemos atravessar aqueles dias em um outro país, presos um ao outro. Não foi exatamente legal, nem para mim, nem para ele. Ao voltar à Europa, lembrei daquela visita anterior e lamentei termos ambos desperdiçado nosso tempo juntos naquela que seria a última tentativa de nos mantermos casados.

Quando desci do avião em Lisboa, agora divorciada, estava exausta, mas sentia calma e plenitude. Toda a potência das outras vidas com as quais eu havia cruzado nos meses anteriores me trouxe segurança para fazer, simplesmente, o que meu corpo desejasse. Eu acordava tarde, dormia cedo, invertia a ordem em outros dias, saía quando me dava vontade, comia o que queria na hora que desejasse. Absolutamente o contrário da minha experiência anterior na Europa, ainda casada.

Na graduação, quando estudei Hegel, meu professor trazia exemplos práticos para nos ajudar a compreender a filosofia hegeliana e as questões da dialética. As aulas eram às sextas-feiras à noite, a turma estava sempre cheia, e todos ouvíamos vorazes as explicações. Lembro que naquela época eu parei de fazer análise, tomada pelas reflexões dessas aulas que me ajudaram a trazer outros sentidos para minha própria história. Até hoje gosto de revisitar uma dessas sínteses: a dialética hegeliana, dizia o professor, é forjada entre a contradição e o movimento, nela é preciso se perder para se encontrar. Nunca mais esqueci dessa frase: é preciso se perder para se encontrar, como se ficar parado, cheio de certezas, não fosse levar ao verdadeiro eu, ao conhecimento real de si mesmo.

Quando cheguei ao saguão do aeroporto de Lisboa e avistei a rua através das portas de vidro, percebi que não havia traçado a rota até a minha hospedagem, não havia salvo, no Tripadvisor, os restaurantes e museus *must go* do dia, tampouco havia pesquisado as 352 atrações da temporada – exatamente o inverso do *modus operandi* da viagem internacional anterior. Flanar livremente pela cidade e perceber que não há problema algum ficar sem wi-fi por algumas horas foi uma epifania. Sorria sozinha pela simples alegria de poder escolher o que fazer de acordo apenas com meu corpo. Pela primeira vez em muitos anos eu sabia o que fazer comigo, com minha fome de vida, com minha potência e força que, antes, haviam me levado a encontros com outras pessoas e aos trabalhos conquistados.

Com frequência tenho oportunidade de viajar a passeio sozinha, aos poucos aprendi quais destinos são mais simpáticos a mulheres desacompanhadas. Entretanto, o principal ingrediente é estar em paz consigo e saber ouvir as próprias necessidades. Aprender a fazer essa escuta é um exercício permanente que, às vezes, funciona bem, às vezes, não. Seja lá qual for a viagem, compreender a hora de descansar, de andar, de comer, de usar um batom vermelho ou de postar uma foto nas redes sociais. Ter calma e sensibilidade em cada travessia.

Acredito muito no exercício do distanciamento. Quando eu morava em São Paulo e visitava minha família no interior, voltava sempre reabastecida: de comida e de certezas com minhas escolhas. Voltar à casa onde vivi a adolescência ajudava a lembrar os motivos que me fizeram partir. Rever familiares que haviam escolhido caminhos diferentes dos meus, ajudava a começar a segunda-feira em paz, como se periodicamente eu renovasse os votos dos meus objetivos pessoais.

Quebrar repentinamente o ritmo frenético de encontros, paixões, trabalhos, descansar meu corpo e minha cabeça e poder olhar, de longe, aquela rotina era exatamente o que eu precisava naquele momento pós-divórcio. Parece simples, mas eu ainda não havia me dado conta. Quando voltei ao Brasil, parecia que a última parte da minha retomada comigo mesma havia sido concluída. Eu sabia, enfim, quem era a Marcela e acomodei essa nova identidade no mundo. Não precisava mais de um outro para lembrar quem eu havia me tornado nem o que eu desejava ser.

Percebi, também, que aquela potência física e emocional poderia ser redirecionada, assim comecei a observar: além de conhecer pessoas e fazer sexo, para onde mais essa vitalidade poderia me levar?

Aos poucos fui sentindo um deslumbramento comigo mesma, passei a valorizar o silêncio, a escuta sensível, o direcionamento das minhas forças. Comecei a dizer para mim: não é preciso agarrar tudo o que o mar traz, algumas ofertas podemos apenas olhar, acompanhar sua passagem e deixar seguir. Entendi, enfim, que não precisava mais de um outro para saber quem eu era, e as companhias assumiram outro lugar na minha rotina.

Gal foi ficando adormecida, foi ficando calma. Sua ânsia desesperada por qualquer ser – jovem, velho, de qualquer altura – foi abrindo espaço para outro movimento: o de fazer escolhas. De repente, eu entendi que não precisava aceitar qualquer emprego ou qualquer homem. Eu poderia escolher os meus caminhos e, então, percebi a enorme responsabilidade desse poder.

2.3 POTÊNCIA CRIATIVA

Eu, claramente, tinha um problema comigo mesma, mas não sabia ao certo o que era. Não que eu fosse uma pessoa patologizada, com algum transtorno real que me impedisse de trabalhar, sair de casa e socializar em atividades corriqueiras, esperadas para um adulto. Mais tarde, entendi que o meu problema era, justamente, não ter dimensão do que eu poderia fazer dessa e com essa existência.

Quando eu era casada, criei determinadas expectativas para mim e para meu futuro, de modo que não me permitia olhar para o lado. Às vezes, eu virava levemente meu pescoço, mas de imediato reagia com um "Isso não é para mim" ou "Isso não está correto". Nem sempre fui assim, tão apegada a verdades e a ficar criando regras para tudo, mas preciso reconhecer que fui opilando de uma forma bizarra.

Logo que me mudei para Brasília, algumas vezes estive presente nas confraternizações do trabalho do meu então marido. Quando começamos a nos separar, ele me disse que odiava ter que me levar junto nesses eventos, que se sentia obrigado a me convidar, porque eu não conhecia ninguém na cidade. Eu adoro ir a festas, bares, conhecer pessoas, fazer amigos e, naquela época, eu ainda sentia prazer em acompanhar aquele homem de quem tanto gostava, ocupando o papel de esposa. Como eu não sabia que a alegria não era recíproca, eu ia, simplesmente, e me divertia.

Em um desses eventos, um colega dele me chamou a atenção. Eu sequer consigo recordar o seu nome, mas lembro que meu marido ficou cismado a ponto de me perguntar se eu havia me interessado por aquele cara. Para variar, meu cônjuge havia entendido de forma equivocada o que realmente havia mexido comigo em relação àquele outro homem: aquela pessoa me fez lembrar de mim, de como eu era antes de me casar.

Olhando agora, em retrospectiva, vários pequenos alertas foram se evidenciando antes de eu entender que o divórcio poderia acontecer. Entretanto, parece que eu tenho um tempo próprio para compreender as mensagens do universo, parece que eu preciso mesmo de uma quantidade mais significativa de tempo e de sinais para tomar uma decisão tão transformadora.

Aquele cara era divertido – usava fantasias no carnaval de rua, beijava na boca de outros homens, debochava da burocracia e flertava até com os vasos de plantas que estavam ao seu redor. Observando seu jeito e conversando com ele, percebi que eu também fui essa pessoa e comecei a me questionar quando e por que eu fiquei tão chata.

O prédio que escolhi para viver minha Pasárgada no Planalto Central tinha a estrutura de um "lazer de clube", expressão que o mercado imobiliário de Brasília usa muito. Eu nem sabia que isso existia, mas Águas Claras permite ter essa experiência a um preço acessível para os padrões paulistanos. Toda a área de entretenimento era um oásis para minha ânsia festiva. Não que eu seja uma Narcisa Tamborindeguy do circuito brasiliense, mas gosto de receber gente em casa para confraternizar. Herdei das minhas tias um profissionalismo para recepcionar. Elas me ensinaram receitas e truques para os preparativos, de modo que tenho jogos de toalhas em cores variadas, talheres, cestas, enfeites e tantos outros itens que utilizo em dias de festa. Em um dos últimos aniversários que organizei no meu apartamento em São Paulo, ainda casada, meu marido me disse: "Impressionante, Marcela, você nunca consegue fazer só uma reunião, parece que tudo vira um megaevento". Não sei se ele gostava dessa minha característica ou não. Na época não pareceu exatamente um elogio, o que me entristeceu um pouco, porque eu ainda queria demais agradá-lo.

Fato é que eu gosto de ter gente em casa, de papear e, durante os primeiros meses vivendo em Brasília, eu estava ávida por gastar meu repertório festivo naquela área de lazer ostentação. Como não conhecia quase ninguém na cidade, pelo menos não o suficiente para propor um encontro caseiro, restava o círculo de amizades e familiares de meu marido. Acho que ele até gostava de convidar algumas pessoas para jantar e conversar, mas não parecia ser algo importante ou divertido para ele como era para mim. Talvez, eu tenha me tornado um pouco insistente em querer sempre fazer algo com mais companhias, porque, afinal, eram relações do convívio direto dele, não do meu. Uma das vezes em que propus fazermos um churrasco, meu marido respondeu que esse convite seria um incômodo, porque parte dos sugeridos da lista morava em outra região, portanto, esse deslocamento seria um constrangimento. Eu não entendi muito bem por que um convite para um churrasco poderia ser algo tão problemático assim, mas acabei desistindo da ocasião e, aos poucos, desisti completamente de propor festas. Para mim era algo divertido, mas parecia que para ele não, e eu não queria magoá-lo.

Eu não sacava muito bem essas falas, tampouco pensava sobre elas, sinceramente acho que nem ele. Fui introjetando que alguns dos meus comportamentos, como esse jeito expansivo e espontâneo, talvez, fossem inadequados ou pudessem causar mal a quem eu gostava.

Na nossa festa de casamento, eu estava bastante feliz. Foi um almoço agradável no próprio prédio onde morávamos, algo pequeno, que me pareceu certo para a ocasião. Praticamente todos os presentes eram meus familiares ou meus amigos, até revisitei o álbum de fotografias para confirmar – exceto pelos pais dele, nenhum dos convidados era exclusivamente do seu lado. Se tivéssemos feito uma lista para a ocasião, 99,9% das pessoas estariam na minha folha, restando para ele apenas dois nomes: pai e mãe. ·

Na época eu não me importei, porque estava satisfeita e não tinha pretensões de fazer um grande evento. Quando eu sugeri que ele convidasse seu orientador, porque tinham uma relação próxima e costumávamos frequentar sua casa para confraternizações, ele me respondeu que não queria expor seu professor a algumas pessoas da minha família por medo das besteiras que algum tio poderia dizer na ocasião. Eu concordei. Parecia que fazia sentido. Sinceramente, não tenho a menor ideia do que se passava na cabeça do meu ex-marido para me responder isso. Não que meus tios sejam agradáveis durante todo o tempo, mas, francamente, são minha família. Que atire a primeira pedra quem não tem um parente meio mala.

Acho que, aos poucos, fui assumindo esta lógica um tanto enviesada de que eu poderia ser responsável pelo mal-estar de outras pessoas, que alguma fala ou atitude, mesmo que bem-intencionada, pudesse ser ruim, equivocada, e, ainda, que algumas companhias eram aprovadas e outras desaprovadas, como se fosse possível qualificar os seres humanos entre errados e corretos.

Mesmo sendo budista e pregando a importância de "fazer o bem a todos os seres", eu não defendo a convivência universal com todo o planeta de maneira indiscriminada. Existem pessoas que são chatas, inconvenientes, com as quais eu não quero dividir a mesa do jantar. Não há problema algum em ter preferências, mas não faz parte da minha lógica acreditar que um convite possa causar um mal-estar ou que eu deva me preocupar com o que todos os meus convidados vão dizer uns aos outros ou, ainda pior, que eu possa ser responsável pelo fato de alguém sair chateado de um churrasco que eu mesma tenha preparado.

Não sei como meu ex-marido pensava sobre essas questões quando estávamos juntos, o que, na verdade, não faz muita diferença. O ponto é que, de repente, eu assumi uma postura de autocrítica e de julgamentos alheios muito dura, não sei por que fui criando regras e exclusões cada vez mais severas. Comecei a acreditar que deveria ser assim. E quando vi aquele colega de trabalho dele, divertido, falando bobagens, rindo e conversando livremente, pensei: "Por que mesmo eu deixei de ser assim? Quando foi que me tornei essa chata reclamona?"

Nos primeiros meses após sair do apartamento onde morava quando casada, chorava com frequência. Nem sempre havia um motivo, às vezes, era só meu corpo que precisava extravasar a emoção, algo meio catártico, na linha dos exercícios que trazem o efeito simbólico de lavar a alma. A lavanderia do meu novo lar era espaçosa, e o tanque ficava de frente para uma janela, com uma vista ampla do parque do bairro de Águas Claras. Eu gostava de chorar naquele lugar, enquanto limpava e organizava minhas roupas. Ficava olhando para as árvores, o céu azul, a água escorrendo enquanto eu esfregava alguma peça do meu vestuário e minhas lágrimas se misturavam com o sabão.

Lavar roupas tornou-se, desde então, uma atividade que ajuda a me organizar emocionalmente. Faço isso com um cuidado religioso, metódico, é uma hora especial do meu dia: separar o que está limpo, lavar o que está sujo, identificar as peças que vão para a máquina, quais serão esfregadas à mão. Quando as coisas ficam esquisitas dentro de mim, vou para a área de serviço, olho o cesto, as peças que se bagunçaram ao longo dos dias, dobro, estendo, confiro sabão, amaciante; e se ainda sinto que preciso me acalmar, vou para as gavetas inspecionar peças que ficaram manchadas, uma costura que deve ser refeita, meias que perderam o par, fronhas mal dobradas. Depois que termino, além de ter as minhas vestimentas e as da casa cuidadas – porque incluo lençol, colchas, toalhas de mesa e guardanapos de pano nesse processo –, o que me afligia no começo da arrumação já assumiu outra perspectiva, ou, se ainda não encontro a solução, ao menos já me sinto mais preparada para enfrentar o problema inicial.

Naquele primeiro tanque onde descobri o efeito acolhedor dessa prática, a lamúria mais recorrente que fazia era: por que eu fiz isso comigo mesma? Por que eu me coloquei nessa situação por tanto tempo?

O problema não era meu ex-marido implicar, eventualmente, com minha fúria festiva – por vezes, acredito que ele até se divertia, assim como eu. Também não eram suas reclamações em relação a algum figurino que escolhia, a alguma maquiagem que lhe parecia excessiva, ou suas críticas porque eu não conseguia dialogar com minha primeira orientadora da pós-graduação. O problema não era ele, mas era eu. Eu me coloquei em um lugar frágil, como uma vidraça, alguém que precisava perguntar e pedir autorização para tudo o tempo todo, que rondava como uma abelha em volta do pote de mel fechado. Ninguém me obrigou a nada, eu assim o quis e contribuí para me tornar um ser humano que em nada mais se parecia à pessoa de quem eu gostava bastante.

Quando, finalmente, entendi que eu era a única responsável por mim, que eu poderia ser divertida de novo, nutrir relações mais saudáveis comigo e com quem estava ao meu redor, não tinha mais volta. Talvez, tenha sido por isso que meu casamento acabou para mim de forma tão definitiva: não existia espaço para muita mudança, não existia margem para erros. Nós já havíamos tentado alterar algumas dinâmicas, mas a verdade é que também havíamos construído algo tão hermético que parecia impossível sair daquele emaranhado. Ainda que meu ex-marido tenha se empenhado de maneira sincera em recolocar as peças da nossa relação, eu já não era a mesma e não me identificava mais com aquele repertório. Eu não queria pedir nem tentar nada mais outra vez.

Não acredito nesse papo de que a partir de agora as coisas vão ser diferentes. Como um operador de telemarketing, quando você pede o cancelamento do serviço, e ele responde com uma promoção que estava escondida na manga desde a assinatura do contrato, mas que só podia usar quando o cliente estivesse prestes a assinar com a concorrência. Estivemos juntos durante anos construindo uma relação, havíamos passado por crises, transformações de empregos e mudanças, até nossos corpos haviam se alterado mais de uma vez e, ainda que tenha havido algum amadurecimento nesse processo, a verdade é que as bases sempre foram as mesmas. Acho que não sabíamos como ser diferentes.

Todas as ferramentas usuais do nosso casamento foram utilizadas no período em que o término foi ficando cada vez mais claro para ambos, mas nada surtia efeito em meu corpo. As mesmas conversas que tínhamos quando algo estava mal não me sensibilizavam. Finalmente, eu havia entendido que não queria mais aquele formato, e, realmente, a mudança que eu buscava não estava ali. Hoje em dia, quando conheço um homem que assume um tom semelhante a alguns padrões do meu primeiro casamento, como vitimização, conversa em tom ameaçador, dramalhão, chantagem emocional e frases do tipo "Se não for assim eu não vou, se não for desse jeito eu não quero", meu coração simplesmente se fecha, como se eu estivesse blindada para esse repertório.

O inverso também é um perigo real. Flagrei-me, certa vez, repetindo esse tom em um relacionamento recente, e percebi que algumas pessoas podem provocar em mim a volta daquela Marcela, daqueles aspectos controladores e inseguros que ela tinha por hábito. Ao reconhecer pessoas que disparam isso em mim, simplesmente me afasto: esse não é mais o meu caminho.

Percebi que é possível estar próxima de pessoas com quem compartilho ideias, comportamentos, jeitos de estar no mundo. Grupos que lidam com a diversidade, a liberdade, as oscilações de humor. Sinto que encontrei um lugar onde me sinto confortável.

Durante os meses em que morei com a Vitória, havia confraternizações frequentes no apartamento. Era comum chegar em casa e ter uma festinha rolando, alguém bebendo na varanda, um papo na mesa do almoço ou do jantar. Aquela tranquilidade com que armávamos e desarmávamos um evento era uma epifania. Qualquer argumento servia para uma reunião: dia das mães, aniversário da cidade, começo de um feriado, eclipse lunar – com comida, bebida e amigos, qualquer motivo bastava. Finalmente, reconectei-me com meu lado festivo e pude gastar toda a alegria que sentia em estar com pessoas em casa. Quando um copo de cristal com titânio quebrava, eu sentia um alívio enorme: que bom estar usando minha louça de festa novamente.

Foi muito duro me perdoar pelo que fiz comigo mesma, pela castração que me impus, por ter me perdido de mim daquela maneira. Ainda que a categoria *perdão* não tenha lógica na minha espiritualidade atual, foi esse exercício cristão que precisei fazer: perdoar a mim mesma. Eu chorava e sentia uma raiva incomensurável por estar naquela situação, tinha vontade de, literalmente, dar uns tapas em mim. Remoía a pergunta "Por que eu fiz tudo isso comigo? Por quê? Por que envolvi quem estava ao meu redor dessa maneira? E por tanto tempo?" Não lembro quando esse perdão chegou, mas ele foi necessário para eu me abrir novamente, recomeçar e seguir me movimentando.

Uma leitura em especial me ajudou naquela fase: *Big Magic*, da Elizabeth Gilbert. Não me importo com a categoria que atribuem a esse título, há muito deixei de julgar pessoas e encaixar obras em etiquetas fixas. Esse texto me fez ter um olhar mais generoso comigo e com tudo o que eu desejava fazer. Ele transformou a maneira como eu enxergava as possibilidades de existência.

O livro trata sobre ter uma vida criativa, guiada pela curiosidade, impulsionada pelo desejo, e não pelo medo, sobre permitir-se reconhecer as coisas que trazem prazer e deleitar-se com elas. Além disso, Elizabeth aborda o quanto somos responsáveis por criar essa vida e os obstáculos que nos impedem de realizá-la. Seu texto me soou franco, porque, além de trazer o potencial de criação que há em cada ser humano, ele apresenta as frustrações, os percalços que existem em tudo o que fazemos, mesmo que seja algo eminentemente prazeroso.

Quase toda a obra me remeteu ao meu presente e futuro, sobre como lidar comigo, com as alternativas que eu notava ao meu redor. Um ponto, entretanto, ajudou a me libertar de um preconceito que existia em meu lar de casada: eu tinha a impressão então, de que absolutamente tudo precisava ter uma justificativa inteligente ou um objetivo profissional para ser realizado. O filme no domingo à tarde? Deve ser uma obra de reconhecido valor cinematográfico. Um curso nas férias? Só se for levar a uma promoção profissional ou estar relacionado a uma meta de emprego. A receita nova do jantar? Serve porque foi referendada pelo programa culinário do momento. Uma roupa nova? Só porque está na promoção ou a antiga estragou. Fazer as unhas? Apenas para uma festa. Que livro ler? Um autor premiado ou indicado por um especialista. Caminhar no parque? Com um aplicativo contando as calorias e ensinando a melhor passada. Em um clima como esse, eu não me permitia fazer algo simplesmente pelo prazer que determinada ação poderia me trazer, tudo precisava entrar no crivo de que era uma atividade enobrecedora. Fico cansada só de lembrar aquela ginástica intelectual para referendar todos os possíveis prazeres. E, afinal de contas, não temos como ter certeza de onde as coisas que gostamos de fazer poderão nos levar – talvez, a nenhum lugar, mas a satisfação de realizá-las já deve bastar para a ação.

Foi a partir dessa transformação que perdi o hábito de "esperar por um dia especial ou guardar algo para esse momento". Estou viva, tenho saúde e trabalho, portanto, já alcancei o critério do *dia especial* e dos *motivos para agradecer*. Agradecer, aliás, foi algo que passei a fazer todos os dias, especialmente antes das refeições, quando agradeço por sentir fome, pelo meu apetite, por ter algo para me saciar e por apreciar o sabor de cada garfada e o meu corpo recebendo o alimento. Não há mais nenhum item em meu armário dedicado a "ocasiões especiais": comecei a usar renda, batom e salto para ir estudar na biblioteca, um vestido novo no almoço, se me desse vontade, mesmo estando sozinha, ou ainda usar qualquer peça da gaveta, toalhas, faqueiro, cremes, sem precisar de justificativa outra além de celebrar minha existência e das pessoas que amo.

Depois que me perdoei e entendi que, dali para frente, não precisava de justificativas para buscar o que me dava satisfação, fui ficando mais à vontade para experimentar, traçar desejos. Permiti--me, finalmente, olhar para a vida como um leque de possibilidades, testar e, devagarinho, escolher.

Absolutamente tudo me encantava e, de repente, tudo me era permitido. Quer ser vegetariana? Fazer uma tatuagem? Fazer mais uma? Usar salto mesmo com o joelho estragado? Pintar o cabelo? Assistir a uma comédia romântica? Transar com o vendedor de skate? Dormir às nove da noite em pleno sábado? Postar uma foto de comida nas redes sociais? Ir ao banheiro três vezes durante uma visita de uma hora ao museu? Sentar no bar e só tomar água? A resposta era sim para todas as perguntas – sim, Marcela, você pode, simplesmente, fazer o que quiser.

Como o mundo deixou de me ser censurado, eu buscava conhecer a maior variedade de experiências que dava conta. Não que eu tenha me tornado, ainda que temporariamente, uma hippie atualizada em meio ao cerrado. Tenho minhas amarras sociais e, reconheço, sinto-me bem com elas: adoro ter um plano de saúde, viajar de avião, comer cinco vezes ao dia, dispenso entorpecentes e me preocupo sinceramente com minha aposentadoria. Mas, para alguém que precisava justificar até a cor da meia que escolhia, foi libertador. De repente, eu descobri que, além de poder fazer absolutamente qualquer coisa, eu era capaz de produções incríveis.

Foi nessa época que frequentei uma roda de autocuidado para mulheres ativistas no Centro Feminista de Estudos e Assessoria (Cfemea). Fosse a Marcela antiga, eu não teria ousado passar na porta do Cfemea: minha régua jamais teria me permitido o selo de *feminista ativista*, nem de mulher, quiçá, tamanho o devaneio exigente em que vivia. Quando abriram a roda e pediram que eu me apresentasse, falei o que sinceramente sentia: não pertenço a nenhum grupo organizado, mas sou uma educadora e concebo a educação como uma prática política, e, como mulher, tenho um olhar particular para minha postura e para com minhas alunas, porque, sendo fêmeas, temos questões comuns em uma sociedade ainda machista e marcada pelo patriarcado.

Naquela roda participavam outras mulheres que, como eu, não representavam nenhuma associação, somente depois descobri que isso não era um problema. Teria sido uma pena ter me privado daquela convivência por algum tipo de autocensura.

As reuniões aconteciam uma vez por semana, no início da noite, em um clima de acolhida que reconheci em raros ambientes. Chegávamos cansadas, umas mais, outras menos, todas nos despíamos das defesas que do lado de fora garantiam nossa integridade como mulher. Tinha sempre um lanche coletivo, caronas, abraços, cheiros compartilhados. O medo do contágio pela Covid-19 ainda não estava em nosso horizonte. Ali me reconectei com outras partes de mim, com outras mulheres, estranhávamo-nos e reconhecíamo-nos a cada encontro, de forma franca e respeitosa. Sentia uma paz naquela sala e achava irônico gostar tanto de um espaço que me era tão novo e incomum.

Aprendi demais com aquelas mulheres. Um dos acordos que tínhamos era de não julgar ou tentar aconselhar umas às outras: ao ouvir a narrativa alheia, apenas poderíamos fazer perguntas ou compartilhar algo que havíamos feito em situação semelhante. Por exemplo, se alguém falasse sobre um problema no emprego – um assunto hipotético, não trarei aqui nossos temas em consideração aos acordos que estabelecemos em nosso espaço de encontro –, as mulheres da escuta poderiam usar seu tempo de fala para compartilhar algo, como "quando eu tive um problema no meu emprego, eu agi de tal maneira", sem jamais sugerir a resolução da vida alheia. Eu digo o que fiz, como agi, e você, que escuta, faz com isso o que quiser. Também é possível, simplesmente, não dizer nada: ouvir com atenção é uma contribuição muito significativa.

Outra coisa que aprendi em nossos encontros e passei a usar em outros círculos foi o uso do *eu*. Com frequência, estamos imersas em representatividades, coletivos, pequenos ou grandes grupos, e falamos por um *nós*. Ali não, na roda o lugar de fala era sempre *eu*, eu Marcela, eu mulher, eu que penso assim, eu que fiz assado. É algo simbólico, algo que percebi ser empoderador.

Foi marcante ter sido recebida e ter frequentado esse espaço. Quando, por acaso, revejo uma dessas mulheres, seja pessoalmente ou pelo mundo virtual, encho-me de empatia, apenas porque somos mulheres e compartilhamos um pouco da nossa existência durante alguns momentos nessas rodas. Sororidade.

Nesse movimento passei a reconhecer também a beleza em minhas ações, minha capacidade de ser criativa, minha maneira de lidar com a vida. Comecei a me aceitar e a notar que é essa particularidade que nos constitui. Entendi que a diversidade que existe entre os seres humanos é o que torna cada um interessante, portanto, tentar enquadrar todos em trilhas comuns deixa o mundo chato demais, difícil em demasia.

A valorização do que eu percebia ser capaz de fazer foi um outro olhar delicado que passei a exercitar. Mesmo as pequenas capacidades começaram a adquirir, paulatinamente, status de algo precioso e, em vez de pedir desculpas, como fazia antes, passei a considerá-las significativas. Praticar flexão de braço, cozinhar bolo de banana, usar iluminador, ser paciente e determinada, ver humor em situações inusitadas, meu jeito de andar e de me vestir. Ao colocar esse status de particular, de algo que é meu, passei também a ter mais amor em e por minhas ações. Por que reprimir o que cada um traz de único ao mundo? Se podemos ser todos diferentes, por que não admirar essa singularidade?

Na busca pelo equilíbrio e reconhecimento das minhas potencialidades, também comecei a ser muito mais generosa com o outro, com o que cada um é capaz de fazer, à sua maneira, para lidar com o mundo e com a própria existência. Existem práticas que eu faço, mas outros não, e vice-versa. Essa troca, de repente, pareceu fazer sentido.

Ao ver essa singularidade, fui assumindo uma postura mais livre, menos exigente comigo mesma. Tudo bem se a fotografia ficou distorcida, não há nada demais com a maquiagem borrada, tampouco com o texto que não seja absolutamente original. Cada um faz o que é possível com os recursos que possui e da maneira que julga viável.

Foi assim, também, que passei a me arriscar mais e a enfrentar os meus medos. Para me expor, era necessário que eu fosse complacente comigo, e essa generosidade foi reveladora. Ousei fazer escolhas que antes tinham uma aura quase que de proibidas, assim, dilatei meus horizontes.

Fiz minha inscrição, por exemplo, em um congresso internacional com uma apresentação em outra língua. Eu nem avaliava que meu trabalho estava superacabado, mas resolvi deixar para os organizadores do evento decidirem. E eles aprovaram. Então, eu fui, falei, participei de todas as mesas, debates e apresentações que tive vontade, fiz perguntas, conheci outros pesquisadores e, simplesmente, foi tudo bem. Havia pessoas mais perdidas do que eu, outras eram claramente profissionais do rolê, mas eu estava lá também, fazendo a minha parte, curtindo o que me foi oferecido. Nós precisamos arriscar um pouco, se quisermos aprender e seguir em movimento. Ou melhor, *eu* preciso arriscar, enfrentar algumas hesitações, para caminhar por onde me dá prazer.

Assim, adquiri uma calma sincera, deixei de tentar calcular e controlar tudo à minha frente. Não que seja infalível – estamos em junho, já tenho meu Natal e réveillon programados e estou me controlando para não fazer reservas para o próximo Carnaval –, mas tenho em mim, agora, uma tranquilidade genuína, posso observar quando um desequilíbrio perigoso se aproxima.

Quando você realmente quer uma mudança, ela vem. A frase é da monja Myoden, responsável pelo Via Zen de Uberlândia-MG, ao partilhar sua chegada no zen e na economia dos orgânicos. Eu quis demais transformar o rumo de minha existência e sinto-me grata por ter conseguido ressignificar minha trajetória.

De uma forma dialética, na lógica de que é no movimento e na relação entre dois polos que os conceitos se forjam, eu passei a considerar tudo o que fazia como importante, singular e, ao mesmo tempo, efêmero, insignificante. E justamente por ambos os motivos, tudo me passou a ser permitido.

Tem um samba no centro de Brasília – não é exatamente no centro, mas é o mais próximo a esse conceito que o Plano Piloto pode lhe oferecer – realizado ao ar livre, em frente a um pequeno bar, rodeado de ambulantes e árvores. Adoro esse lugar: a música ao vivo é ótima, e o clima, descontraído. É comum encontrar algum conhecido por lá – quando acontece, ainda sinto uma alegria juvenil e penso "Sim, desculpe São Paulo, mas estou brasiliense". Certa vez esbarrei com uma das mulheres daquela roda feminista, e ela também estava sozinha. Na ocasião, ela me disse uma frase de que nunca me esqueci. Falávamos sobre quem mais poderia estar por ali, naquela noite. Ela comentou que, provavelmente, alguém do seu trabalho poderia estar, e eu exclamei algo como: "Nossa! Jamais alguém do meu atual trampo estaria aqui". Em vez de fazer alguma represália do tipo "Que porra de trabalho é esse, que as pessoas não curtem samba, que ninguém é de esquerda nem sai à noite pela cidade?", ela apenas respondeu: "Tudo bem, né? É esse o seu emprego agora e é só um emprego, depois vai ter outro". Não é maravilhoso isso? Tudo bem não estar engajada em um trabalho que colabora com a preservação de uma espécie em extinção, não ser pesquisadora na busca pela cura do câncer, não atuar em uma instituição politicamente correta que ajuda 539 famílias da periferia ou não ter colegas politizados e atuantes em causas sociais. Seu trabalho é esse agora, seja ele qual for, e tudo bem, depois pode ser outro. Que alegria poder pagar as contas com tranquilidade, às vezes, é só de um emprego mesmo que a gente precisa.

Libertar-me de um olhar julgador e classificatório me permitiu transitar por mais lugares e grupos, conhecer mais pessoas. Passei a adotar a postura de que não preciso concordar com tudo o que vejo, tampouco preciso discordar. A atitude do "prefiro não opinar", que Glória Pires imortalizou na participação da apresentação do Oscar, é de uma sabedoria madura que aprendi a compartilhar. Eu não preciso ter opinião ou julgar tudo ao meu redor, posso observar, sentir o que me atrai ou causa repulsa e seguir por onde me parecer mais oportuno.

Impus algumas pequenas ousadias a mim para tatear o que eu seria capaz de fazer. Quando sentia um pouco de medo em tomar uma decisão – coisas simples, como ir a um lugar novo, sair em um horário diferente do que estava habituada, fazer uma visita inesperada a um amigo –, eu procurava enfrentar e observar como reagiria, qual medo seria o do alerta para me preservar de um perigo iminente, qual medo seria o daquele velho receio do desconhecido, da hesitação em me descobrir criando algo potente e inesperado. Nessa época esgarcei alguns limites: eram necessários três capítulos para concluir a dissertação do mestrado, pois eu escrevi quatro, porque eu tive vontade e podia; dizem ser arriscado viajar sozinha a um país onde você não conhece a língua, pois eu viajei, cerquei-me de guias que falavam inglês e não tive nenhum problema; a vaga de emprego anunciada pede uma experiência que não tenho, pois eu vou me candidatar mesmo assim e provar que sou capaz de aprender.

Valorizar minhas capacidades profissionais foi algo, aliás, que desenvolvi bastante. Durante alguns meses, participar de processos seletivos e ser aprovada viraram quase uma obsessão, a ponto de a minha analista dedicar algumas sessões para que eu compreendesse os motivos por trás desse exercício. Eu só estava maravilhada em, de repente, reconhecer minhas características e minha experiência como qualidades e entender que elas poderiam ser úteis em variadas funções; que, ainda que eu tenha ouvido algumas vezes de pessoas que diziam me amar julgamentos como "Você não vai dar conta disso", "Você não é capaz de fazer aquilo" ou "Talvez isso seja muito para você", eu poderia fazer o que quisesse, aprender o que tivesse vontade.

Sei que existem limitações em meu ser. Mesmo com grande determinação, acho pouco provável me tornar uma maratonista, por exemplo, ou participar como atleta das próximas Olimpíadas. Talvez, virar presidente seja algo um tanto distante do meu repertório profissional; talvez, eu tenha de aprender habilidades que não estão no meu currículo atual, se almejar um cargo público. Tão importante quanto perceber que as limitações existem foi entender que é o meu olhar sobre o mundo que transforma o que eu posso ser e fazer em algo vasto.

Ao ler *Unorthodox: The Scandalous Rejection of My Hasidic Roots*, da Deborah Feldman, reconheci medos, hesitações e a sensação de libertação que ela compartilha no livro. Eu não era proibida de acessar alguns conhecimentos e lugares no mesmo sentido que a autora, mas havia me imposto limites e, em determinado momento, entendi que era hora de eliminá-los. Como ela, senti que nada deveria ser considerado inacessível para mim. Todas as possibilidades de existência são válidas, e só cabe a mim escolher qual objetivo persuadir.

Nos instantes em que medo ou insegurança se aproximam, existe uma prece que rogo com frequência, ela diz algo como: "Deus, por favor, me ajuda a fazer tudo o que eu quero nessa vida, me dê forças, me proteja e me guia". A depender do humor e da lua, o vocativo pode ser substituído por outra entidade do transcendente. Às vezes, penso que rogo essa prece para meu próprio inconsciente, para que eu nunca mais limite meus horizontes, faça algum tipo de autoboicote, hesite em tomar decisões que me levarão a lugares melhores, fixe-me ou prenda-me a certezas, falsas sensações de segurança e estabilidade. Peço, encarecidamente, que eu tenha saúde física e emocional para realizar todas as possibilidades que me apetecerem durante essa existência.

Também faz parte desses momentos de diálogo com o universo elencar o que eu quero para mim a curto, médio e longo prazos. Como se, aos poucos, eu fosse colocando em meu próprio horizonte placas de sinalização das próximas curvas, para que eu também não me perca nas infinitas possibilidades e deixe passar o que realmente importa. Tenho muitos desejos. Quais conseguirei realizar este ano? O que eu preciso fazer esta semana?

Depois de me divorciar, mantive por alguns meses três empregos simultaneamente. Pode parecer inusitado para alguns, mas, para outros, como os profissionais da saúde e da educação, é um malabarismo usual infelizmente. Foram meses bastante estressantes. Como eu sabia que era uma situação temporária, fiz um acordo comigo mesma e com meu corpo para não sucumbir ao cansaço. Conversava constantemente com meu corpo, aliás, e dizia para ele: por favor, só mais um pouco, eu preciso entregar esse relatório hoje, precisamos dar essa aula daqui a algumas horas, já vai acabar, eu prometo que logo vamos descansar, por favor, fica firme comigo.

Apesar de a minha paciência ter se tornado especialmente limitada naquele período para qualquer coisa que não fosse relacionada aos empregos ou ao meu descanso, consegui administrar com êxito meu humor e minhas responsabilidades. Aprendi a manter uma calma que nem sabia existir dentro de mim. Quando era acionada pelos três chefes simultaneamente com demandas urgentes, respirava fundo e analisava: neste mês, qual desses trabalhos é minha principal fonte de renda? Então, é esse serviço que farei primeiro.

Só consegui fazer aquela gestão porque reconheci que eu era importante e, ao mesmo tempo, desimportante em todos os lugares. Lembro de uma ocasião em que precisei faltar em uma aula, porque o outro emprego demandou minha presença de última hora. Fosse a Marcela ansiosa, que julgava as pessoas como "as corretas que nunca erram", ou teria pedido demissão antes do prazo, ou teria sofrido horrores. Em vez do sofrimento paralisante, encaminhei a situação da melhor forma que pude, reconhecendo que não sou perfeita, que posso falhar e, ao mesmo tempo, que minha mão de obra é qualificada e devo realizar com dedicação meu trabalho. Foi um período em que entendi muito claramente um ensinamento do budismo sobre causa e consequência, que ressalta que nessa relação não há o peso do perdão, do erro, do único correto, o que existe é a necessidade de lidar com as consequências da sua escolha, simplesmente perceber que há causas e efeitos: se você escolheu ter três empregos, dormirá menos e precisará, eventualmente, faltar em um deles.

Foram meses em que senti uma compaixão incomensurável pelo meu pai, que cumpria jornadas de trabalho extenuantes há muitos anos. Entendi um pouco mais sobre ele, vi-me em seu lugar e reconheci em mim a mesma irritação e falta de paciência que ele demonstrava ao final do expediente e do dia. Tinha vontade de abraçá-lo e conversar com ele frequentemente, de ligar e apenas dizer algo como "*Dude, I've been there, and I know now*".

Ao perceber que daria conta de fazer a gestão daqueles empregos por mais meses do que eu havia planejado, hesitei. E se eu forçasse um pouco o acordo que havia feito comigo mesma e com o meu corpo? E se eu estendesse esse esquema só por mais um ou dois salários? Foi difícil fazer uma escolha, porque, da mesma maneira que eu estava cansada, sentia-me potente por conseguir administrar aquela rotina e fazer as entregas de forma adequada. Um termômetro soou como um alerta, em especial quando, em uma noite de quinta-feira, eu recebi uma mensagem do crush e nem cogitei a possibilidade de ir até a casa dele, que distava cinco quadras da minha. Quando olhei para meu celular e fiz as contas de quantas horas de sono aquela visita me custaria, ainda que soubesse de todo o prazer que me renderia, respondi: "Valeu, mas preciso acordar amanhã cedo para trabalhar". Perceber que meus empregos estavam me impedindo até de ter vontade de transar foi bem didático para entender que não seria uma rotina bacana a longo prazo. Quando voltei para uma jornada mais praticável para minhas necessidades físicas e emocionais, meu corpo agradeceu. Lembro-me de dormir um sono extremamente profundo na primeira semana da nova rotina.

Nessa jornada de descoberta e libertação da minha potência, também entendi mais sobre o delicado equilíbrio de ser fiel aos próprios desejos. De tudo o que sei ser capaz de fazer, o que realmente me importa? De todas as possibilidades de realização, quais são guiadas por interesses mais genuínos, e não só por vaidade? Será que eu realmente quero tudo o que desejo? Quais ações me levarão ao dharma[4] correto?

Na dúvida, respiro fundo e recito os versos que encerram o período da prática diária no zen budismo:

> *Vida e Morte são de suprema importância*
>
> *Tempo rapidamente se esvai e oportunidade se perde*
>
> *Cada um de nós deve esforçar-se por despertar*
>
> *Cuidado! Não desperdice esta vida.*

---

[4] Dharma, com letra minúscula, na tradição do zen budismo, pode ser entendido como o caminho que leva a uma relação equilibrada de cada um com o Universo e consigo mesmo; é uma atitude de afirmação e de conhecimento de si e do outro, considerando que somos um com o Universo.

Terceira Parte

MAR ABERTO

Eu nunca estou só
Eu nunca estou só
Eu nunca estou só
Não estou sozinho

Às vezes basta um livro
Ou ouvir mil discos
E tudo se resolve
Tudo faz sentido
É que eu me conheço no meio desse nada
E aos poucos me entendo
Nessa encruzilhada

Eu nunca estou só (3x)
Não estou sozinho
É só o medo
É só a noite
Eu dou meu jeito
Não estou sozinho

Eu não preciso
Conversar com espelho
Sobre o que eu penso
De milhões de maneiras
Armadilhas, teias
Festa na aldeia
De caneca cheia
Noites pra brincar
E jantar tua ceia
É eu nunca estou só

Eu nunca estou só
Eu nunca estou só
Não estou sozinho
É só o medo

É só a noite
Eu dou meu jeito
Não estou sozinho

Eu tenho mil manos mil minas por mim
Eu tenho mais de mil coisas pra fazer por aqui
Mil trutas, mil tretas
Planos e metas...
Tenho mais de mil sonhos eu não posso desistir
O verso que livra quando não tem mais saída
É por isso que falam que o rap salva vidas
Quando eu quero ficar só
'To eu e o beat ou seja
Trabalhando junto
Nós não temos limite, só fé

Eu nunca estou só (3x)
Não estou sozinho
É só o medo
É só a noite
Eu dou meu jeito
Não estou sozinho

Correndo por mim correndo por vários
Mas não corremos daqui
Junto e misturado
Porque eu represento a rua
Represento o bairro
Represento o mundo
O futuro e o passado
O futuro e o passado
Represento a rua
Represento o bairro
Represento o mundo
O futuro e o passado

Eu nunca estou só (3x)
Não estou sozinho
Eu nunca estou só (são várias comigo)
Eu nunca estou só
Não estou sozinho (nunca estou só, nunca estou só)
(Barão vermelho, "Eu nunca estou só", Viva, 2019)

3.1 AMAR OUTRA VEZ

Não sei por onde começar a pauta que propus para este capítulo. Não sei ao certo como iniciar este tema, porque ainda não entendi exatamente como praticá-lo. Será que existe isso, de saber o que é o amor e exercê-lo em sua plenitude?

Tem sido cada vez mais raro conseguirmos nos reunir – Frida, Maria Eugênia e eu. O trabalho, a distância entre os estados onde cada uma de nós vive, as agendas. Mesmo com empecilhos, quando estamos todas na mesma cidade, encontramos uma maneira para dedicar algumas horas a nós três. É sempre bom, não porque não brigamos ou deixamos escorrer algumas lágrimas, mas porque somos família, em nosso convívio existe carinho e compaixão em abundância. Quando chego à casa da Maria Eugênia, sinto-me como se estivesse no colo de mãe: relaxo, como tudo o que me oferecem, consigo descansar. Não importa quanto tempo fiquemos sem nos encontrar presencialmente, a sensação é sempre a de que nos despedimos poucas horas antes de nos revermos novamente. Amizade, para nós, é assim.

É justamente nesse espaço familiar onde nos desarmamos também. Durante uma das ocasiões em que nos encontramos no apartamento da Maria Eugênia, eu estava especialmente desgastada. Trabalhava demais e, mesmo assim, estava insegura, com medo de perder minha fonte de renda e não conseguir me manter em Brasília. Havia acabado de me mudar, assumindo algumas despesas maiores do que estava acostumada, e não sabia ao certo como lidar com as novidades. Mas não era só isso: eu buscava desesperadamente encontrar a segurança dos meus anseios em um relacionamento amoroso, em um homem, mais precisamente em um casamento.

Foi um jantar difícil. Assim que recebi o primeiro abraço, desabei em lágrimas. Raramente choro em público, conto nos dedos de uma mão as pessoas que já presenciaram minhas lágrimas. Não sei por que, mas tenho um pudor em demonstrar sentimentos, como se determinadas emoções devessem ser preservadas em um espaço privado e restrito. Talvez, seja apenas uma dificuldade em expressar o que sinto e em lidar com o efeito das minhas emoções no outro, em quem testemunha. Tenho buscado me expor um pouco mais, porque entendi que as relações sinceras se forjam quando não precisamos mentir nem nos esconder. Mas ainda é uma exposição com cautela, porque é dolorido quando me abro para alguém que age com desdém.

As razões pelas quais as pessoas se afligem variam, e o que para alguns é motivo para perder o sono, para outros pode ser somente um pequeno contratempo. Fico impressionada como, por exemplo, alguns amigos se estressam com o horário de eventos festivos. Na minha lógica interna, pontualidade é um item exclusivo do ambiente de trabalho, quando combino um bar com os amigos, uso a hora indicada como uma expressão genérica: "A gente se vê às 20 horas na Asa Norte" significa, para mim, que vamos chegar em algum horário entre 19h30 e 21h, fique à vontade para nos encontrar quando puder, estaremos por lá. Em prol da amizade e do bem-estar de quem amo, aprendi a respeitar o relógio para os que se importam com o significado literal da frase "A gente se vê às 21 horas na festa". Para outros que, como eu, ignoram o fuso horário quando se trata de diversão, criamos estratégias próprias para estarmos no mesmo lugar e no mesmo espaço de tempo. De uma forma ou de outra, os encontros acontecem.

Estar insatisfeito é parte do comportamento humano. Há um ensinamento de Buda, o primeiro de Sidarta Gautama, *As quatro nobres verdades*, que trata justamente dessa sensação permanente de falta, de incompletude, que ronda os seres. Reconhecer esse sentimento seria a verdade número um: sem olharmos de frente para as nossas emoções, não será possível alcançar a mente desperta. Em seguida, no contexto da verdade número dois, precisamos entender que existe uma causa para a insatisfação: justamente porque nos apegamos a algo, é que sentimos sua ausência. Se tivermos um ideal fixo de felicidade – casa, carro, filhos, viagens –, começaremos a perseguir esse modelo, e isso trará sofrimento, insatisfação. No instante em que o ideal de felicidade é conquistado em todos os seus requisitos imaginados, então, teremos medo de perdê-lo e continuaremos em sofrimento para garantir sua manutenção, preservá-lo e, assim, evitar a mudança desse estado alcançado. Com um alento, Buda aponta a terceira verdade, pela qual é possível evitar essa insatisfação permanente, na sua existência atual, com os recursos que você mesmo tem, sem mágicas ou promessas de vidas futuras. Por último, a quarta verdade mostra que seu ensinamento trará oito caminhos viáveis para essa realização. Gosto especialmente da maneira como a monja Heishin Gandra, discípula da monja Coen Roshi, explica essas passagens, talvez porque ela seja pedagoga e, como eu, tenha atuado tantos anos como educadora.

No jantar em que eu chorava a cada meia hora na presença da Frida e da Maria Eugênia, não havia nenhum grave problema comigo – uma doença terminal, por exemplo, ou algo similar que justificasse a angústia do momento. Eu nem tinha resposta para seus olhares aflitos que me diziam: "Que porra é essa, Marcela? Vamos tentar entender juntas o que está acontecendo aqui, de verdade?" Desse encontro eu não levei nenhuma resposta, mas ter podido chorar e ficar com elas, ouvir também um pouco de suas aflições e felicidades, estar no meio de outras mulheres que compartilham da mesma intimidade, deu um novo fôlego para voltar para Brasília e seguir buscando.

Nessa noite também fizemos uma brincadeira clichê: se fôssemos do seriado *Sex and the City*, que apresenta quatro amigas de aproximadamente 30 anos na Nova York da virada da década de 1990 para 2000, quem seria quem? Para Carrie, a protagonista casada com Mr. Big, a resposta foi unânime: Maria Eugênia. Jornalista e bem-sucedida como a personagem, com um marido apaixonado e outras pequenas semelhanças, ela atingiu facilmente os critérios dessa brincadeira de identificação. Quando chegou a minha vez, ouvi também em uníssono: você é a Samantha, lógico. Samantha é a mais velha das quatro, mas ela não se apega a padrões biológicos e mantém uma aparência diferente da expectativa para a sua idade. Ela surpreende pela capacidade de promover encontros com pares nas situações mais inusitadas. Em resumo, foram essas características que, imagino, fizeram com que eu fosse associada a essa personagem. Entendi a identificação e sei que, como a Samantha, envolvo-me constantemente em casos esporádicos que visam apenas a uma diversão a curto prazo. Acontece que eu não quero mais ser a Samantha. Apesar de compreender as razões que me levaram a esse rótulo, eu prefiro me desfazer dele. Eu já não o queria quando fizemos a brincadeira, tempos atrás, e continuo tentando me desvencilhar desse padrão. Na verdade, eu gostaria mesmo de ser a Miranda: advogada, independente, com um filho fofo, uma casa reformada no Brooklyn e um marido *all supporter*.

Eu sei praticar o modo Samantha com desenvoltura, mas onde posso ler o roteiro para ser a Miranda? Existe um tutorial para construir uma família em que é possível ser independente como a personagem e, ao mesmo tempo, criar vínculos afetivos do tipo esposa e mãe? Sei que isso é possível, porque, para além da ficção, conheço casais que encontraram uma forma de praticar um amor que admiro, onde pude observar respeito e espaço. Mas a verdade é que, para mim, esse projeto soa cada vez mais como o caviar daquele pagode: "Nunca vi, nem comi, eu só ouço falar".

Em meus momentos de aflição já não vejo o casamento como a tábua de salvação. Da mesma forma, o status de casada tampouco evitaria as angústias provenientes de inseguranças que me rondam de vez em quando. Penso no casamento e nos filhos como uma experiência que quero viver nessa existência, assim como visitar o Egito, fazer um doutorado, dar aulas em outro idioma, trocar de carro, mudar a cor da parede da sala. Todas me parecem ideias atraentes, que me transformariam de uma maneira interessante, que me trariam alegria, assim como escrever um livro ou aprender a viajar sozinha, no entanto, a maioria desses desejos se configuram como praticáveis, porque dependem, eminentemente, de mim. Por outro lado, casar e ter filhos dependem de outrem, talvez por isso me sinta constantemente fracassada nessas pautas. Eu meio que sei o que preciso fazer para conhecer as pirâmides de Gizé e seguir na pós-graduação, mas como se faz para conhecer um potencial marido? Tem que ler algum livro, desenvolver alguma habilidade do século XXI, fazer CrossFit? Onde está a receita?

Como não existe um passo a passo ou um processo seletivo para o qual eu possa me preparar, sinto-me perdida, e, nesse sentido, fracasso é a palavra com que mais me identifico. Além de não saber nem por onde começar, tem me invadido, cada vez mais, uma preguiça e um certo desconforto em ter que me exibir, expor-me como em uma prateleira, oferecer-me para conhecer um homem, transar e ter a chance de, eventualmente, gostar da companhia. Às vezes, acho até que perdi a mão da abertura emocional e me acostumei a revisitar velhos casos quando desejo, temporariamente, uma companhia masculina. Sinto vontade de viver aquela desfaçatez dos apaixonados, a emoção de ser especial.

No desejo de me casar novamente, sou atraída pela ideia de compartilhar a casa com alguém, criar rotinas, tomar um vinho depois do trabalho, dormir de conchinha com beijos no cangote. Sutilezas da cumplicidade. Confluência de olhares. Alguns hábitos que me lembro do meu primeiro casamento, outros que tive em casos temporários, mais algumas projeções que imagino porque vi em algum lugar distante, mas possível.

De tempos em tempos, a cada ano que me aproximo dos 40, uma angústia me visita. Sei, racionalmente, que completar essa década não trará nenhum problema imediato à minha saúde, capacidade física ou intelectual. Também racionalizo que esse aniversário não me impedirá de fazer algo, como se houvesse uma censura ao contrário "proibido para maiores de 40 anos". Mesmo assim, sinto um pouco de medo. Percebo minha juventude se distanciando progressivamente, algum colágeno que já se despediu do meu corpo, fios brancos que não se escondem mais, marcas da passagem dos anos e avisos de que tudo é transitório. Eu ainda não quero deixar esse corpo, a vitalidade dos 30, como se não tivesse aproveitado o suficiente tudo o que imagino para essa década, tudo o que posso usufruir desse período que, sei, vai passar também. Acredito nos simbolismos dos ciclos, e, agora que estou confortável aqui, os anos se acabam, precisarei enfrentar o novo, um lugar que ainda não conheço e, talvez, será preciso chegar lá sozinha.

Recentemente, tenho percebido outro sinal que meu corpo envia há alguns meses, sempre durante a oscilação hormonal da TPM e do meu período fértil: uma angústia junto com outro lembrete de que isso também é temporário. Faço contas fantasiosas e percebo que, hipoteticamente, estaria cada vez mais distante da vitalidade, que, dizem, é importante para a criação de um filho. Nesses momentos, recordo que a minha avó materna pariu com 42 anos, na década de 1950, e que, provavelmente, meu corpo ainda tenha um período considerável de fertilidade. Talvez nem tão considerável assim, mas, enfim, uma prorrogação. O envelhecimento tem me trazido a impressão de que será necessário fazer algumas escolhas, porque o tempo está passando, e esse corpo vai se transformar ainda mais.

Evito pensar que, talvez, isso não seja para mim ou que meu destino nesse planeta não preveja bebês e maridos. Tento não me identificar com a personagem do conto "Wenlock Edge", de Alice Munro, que, ao ser abandonado pela namorada, provavelmente grávida, fruto de uma paixão repentina em uma idade improvável, apenas se consola ao voltar para a solidão e, abafando qualquer ímpeto por aquela ou por outra garota, determina: "Better not to expect too much. Some things I guess you're just not meant to have.".

Prefiro desconfiar de que, no meu caso, provavelmente, seja necessário experienciar outras coisas antes de amar e ser amada novamente, em um sentido romântico, algo próximo do conceito que acredito ser um namoro ou casamento. Talvez, como a Vasalisa da narrativa apresentada por Clarissa Pinkola Estés, eu ainda deva superar e compreender alguns desafios para, então, estar preparada para algo mais verdadeiro. Ou, ainda, eu esteja em alguma aventura como a de Hércules, aquele semideus da mitologia grega, e precise cumprir os 12 trabalhos – alcançar montanhas intransponíveis, derrotar monstros invencíveis e, no final da jornada, após sobreviver e estar fortalecida, encontrarei algo parecido com um amor. Sem respostas, mantenho-me alerta e sensível às possibilidades do encontro.

Ao mesmo tempo, sinto uma paz incomensurável na solidão do meu apartamento novo. Quando olho para a sala cheia de plantas, a luz natural que entra, os móveis que mudo periodicamente de lugar, pelo simples prazer de testar novas composições, eu vejo ali só a mim e, então, suspiro aliviada. Será que isso também tem a ver com a idade?

Brinco constantemente com um amigo sobre os dilemas amorosos em torno das expectativas ocidentais de um casal padrão. Gay, em um relacionamento aberto há vários anos, ele responde minhas perguntas afoitas sobre como consegue fazer funcionar um amor assim por tanto tempo e a distância. Certa noite, depois de um expediente exaustivo no trabalho, em meio a cervejas e porções de *guioza*, questionei-lhe: "Mas qual a diferença entre o seu namorado e os outros? O que faz ele ser um namorado e não um amigo, um caso, um sexo meio fixo meio esporádico?" E ele respondeu: "Relacionamento amoroso, Marcela, é quando você faz planos junto com a pessoa, quando vocês têm projetos de longo prazo em comum". Gostei disso e quero usar essa lição quando possível. George – vou chamar esse meu amigo assim – é mais novo do que eu e digo-lhe com frequência que tenho a impressão de que as coisas do amor eram muito mais fáceis quando eu era mais jovem. Apesar da nossa diferença de idade, ele sempre concorda comigo, e seguimos elucubrando que, em determinado momento da vida, de repente, entendemos não ser necessária uma companhia permanente para nos sentirmos felizes. Além disso, temos cada vez menos disposição para aceitar determinadas situações, ou melhor, percebemos que não é preciso estarmos submetidos a padrões alheios.

Nos meus anos de juventude, tudo era mais fácil, porque não havia muito o que perder. A tranquilidade emocional que carrego hoje é resultado de uma longa trilha, de modo que não quero arriscar me perder deste caminho por causa de uma borboleta qualquer. Penso cada vez menos que um corpo quente qualquer me bastaria e, ao acompanhar minhas exigências clareando, assusto-me um pouco. Tenho encontrado satisfação em dormir após a leitura de um livro, em fazer uma refeição que preparei com esmero, em sentir uma paz infinita na tranquilidade da minha casa após um almoço com amigos. Observo que, para abrir mão ou arriscar esse equilíbrio emocional que conquistei com tanta luta, precisa ser algo muito bacana. Quando me sinto plena em meio à quietude e faço o exercício imaginário de pensar em um companheiro, questiono-me: onde essa pessoa caberia em minha rotina atual? O quanto estou disposta ou, ainda, o quanto seria necessário mudar para ter um marido novamente?

Na análise, ao especular sobre o dilema entre estar bem sozinha e querer um parceiro, reconhecia sinceramente que, na maior parte do tempo, eu gostaria de poder abrir meu armário e tirar um homem de seu interior, mas apenas no instante em que tivesse concluído todos os meus afazeres do dia. Imagino, inclusive, em qual lugar do meu guarda-roupa ele ficaria, ao lado dos travesseiros e mantas que uso ao me deitar. Junto com as cobertas, esse homem aconchegante se deitaria comigo, ele me daria um cheiro na nuca e um abraço quente antes de dormirmos. Ultimamente tenho acordado com frequência durante à noite, então, nesses momentos, nós poderíamos nos esfregar um pouco, começar aquele sexo sonolento, meio sonâmbulos, no escuro, e, depois de gozarmos, descansaríamos até o amanhecer. De manhã, após lavar a louça do café, ele desapareceria, sem questionar minha agenda, minha roupa, a cor do meu batom ou a hora que eu voltaria para casa. Não seria maravilhoso?

A analista sempre ri quando conto esse desejo, mas é um riso que me parece um pouco nervoso, que me faz pensar se esse meu anseio exprime algum traço de distúrbio de caráter ou incompreensão sobre os relacionamentos amorosos, e concluo que, talvez, preciso trabalhar melhor as expectativas sobre ter um homem em minha vida.

Não lembro se foi na publicação *Dilema do porco espinho: como encarar a solidão* ou em uma entrevista que Leandro Karnal reconheceu algo sobre seu próprio status de solidão: "Já tive casamentos, amores e, hoje, não estou em nenhum relacionamento, mas sinto enorme prazer em realizar uma leitura, encontro prazer também na minha solidão".

DEPOIS DAQUELE DIVÓRCIO

A leitura desse livro não me trouxe nenhuma conclusão. Quem espera desse historiador uma receita pronta sobre viver só, está na estante errada da livraria. Agora, a sensação que tive, depois de concluir o texto, foi de me sentir menos sozinha em minha solidão. Existe tanta gente que vive sem um par amoroso fixo, são tantos que, como eu, estão solitários em sua rotina, que me vi, então, inserida em um coletivo, parte de um grupo: não sou a única, portanto, não estou só nesse lugar.

Outro ganho que encontrei nessa leitura foi o reconhecimento da potência da solidão. Que a convivência ensina, é algo que me parece clichê – amadurecemos e aprendemos durante o convívio, exercemos a tolerância e o respeito etc. etc. Porém, reconhecer que estar só, ainda que temporariamente, é potente para o desenvolvimento emocional e intelectual para mim soou como novidade. Karnal traz vários exemplos de personagens que se transformaram a partir de um momento de solidão, que fizeram descobertas, criaram coisas. Passando minha trajetória em revista, percebi que em diversos períodos precisei do silêncio e de ter apenas a minha companhia para compreender e criar. Escrevo, agora, como ele, na mais completa solidão de casa, e não ter ninguém me esperando para o almoço torna minha dedicação algo bem mais fácil de praticar.

Acho que o trânsito entre estar sozinha e estar a dois, ou a três ou a quatro (sejam filhos, amigos, amores), parece, para meu jeito de funcionar, o movimento mais saudável. É confortável quando consigo fazer esse exercício e oscilar entre esses lugares. Desejo, quando possível, seguir essa configuração em um relacionamento amoroso, seja um namoro ou um casamento. Preciso do silêncio, de espaço para minha companhia, para então me relacionar com um outro e estar disponível para o olhar alheio.

Entendi que a solidão é muito mais algo que parte de dentro do que de fora, de como nos sentimos e nos relacionamos com variadas companhias. É corriqueiro ver casais que estão juntos e sós, tanto de uma forma saudável, em que ambos têm atividades solitárias e independentes, quanto de uma maneira traiçoeira, em que não há nada mais em comum entre os dois além do rótulo de casados. No desespero pelo outro, já me peguei agindo de forma solitária, jogando-me a amores e imaginando-os onde não havia absolutamente nada. Essa ânsia de extravasar algo, esse mesmo desatino, podemos ler no poema de Ulisses Tavares:

> meu medo é ficar sozinho.

> abraço o primeiro copo

> agarro o primeiro corpo

> e amo na mais completa solidão

Em algum momento das minhas tentativas parei para pensar e entendi que os relacionamentos são construídos a quatro mãos: os dois precisam estar dispostos a tentar. Além disso, defeitos e qualidades todos temos. Nessa altura do campeonato da vida – quase 40 anos, casamentos desfeitos, estresse do trabalho, saúde, responsabilidades –, não está exatamente fácil para ninguém. Mas por que mesmo tentar? Como saber se vale a pena ficar?

Recentemente, um colega me contou que havia se separado novamente da esposa, ou acabado de voltar, não tenho certeza, são tantas idas e vindas que eles já tiveram. Fiquei confusa sobre o status durante aquela conversa, então, achei melhor não insistir: o estresse do isolamento social durante a pandemia da Covid-19 já estava suficientemente desgastante para qualquer casal. Na ocasião, Júnior – vou usar esse nome –, dizia-me que em algum momento haviam chegado a um acordo e optaram pela velha receita do "Vamos abrir a relação para manter nossa relação". Por mais que eu acredite na dialética e nos pares contraditórios, acho essa ideia um tanto estapafúrdia. Foi assim que, nesse ponto da conversa, eu já não estava entendendo era mais nada e só tinha vontade de perguntar: afinal de contas, por que vocês continuam insistindo em manter um casamento?

Hoje, acredito que é possível estar casado/namorando/amando em formatos variados. O que faz as pessoas se sentirem felizes, amadas e em uma parceria pode ser construído de qualquer maneira.

Aprendi a respeitar e admirar as diversas configurações que conheci, desde que haja consideração e acordo mútuo. Ainda que, admito, presenciei casais que se declaravam plenos e felizes em relações que me pareceram um tanto desconfortáveis.

A infelicidade – ou a insatisfação, para retomar o conceito budista – pode estar associada a um apego por determinados padrões ou, o que me parece até mais comum, a um relacionamento em que um quer ir por uma via e o outro deseja um caminho diferente. Por que duas pessoas com expectativas distintas insistem em permanecer juntas?

Não precisamos tentar responder a essa pergunta. O que faz dois seres humanos se amarem e desejarem estar conectados é algo incomensurável, que não se tabula em uma estatística. Mas podemos pensar um pouco sobre formas de construir uma relação e por que repetimos ou evitamos algumas saídas.

A psicanalista Maria Homem tem uma série de vídeos e textos sobre os dilemas de estar a dois, ideias de felicidade, angústia e outras questões contemporâneas. A primeira vez que assisti a uma apresentação sua, fiquei uns 20 minutos processando o que havia acabado de ouvir. Eu não indicaria as suas aulas para grande parte da minha família, talvez, nem para alguns amigos, porque vislumbrar algumas das hipóteses que ela apresenta não é algo tranquilo de se fazer. Quero retomar aqui parte das ideias que vi em algumas das gravações sobre as expectativas e acordos que são feitos dentro de um casamento.

Algumas das questões que Maria Homem levanta são: por que depositamos em uma única pessoa as funções de marido, pai, amante? Por que acreditamos que um só ser humano deve ser capaz de completar desejos tão diversos e realizar de maneira satisfatória todos eles? Quem disse que precisa ser sempre assim?

Reflexões postas dessa maneira não costumam ter respostas. E, ainda que eu concorde com ela – não sem antes passar em revista toda tradição monogâmica ocidental, brasileira e pequeno--burguesa que herdei –, não consigo pensar em alguém que tenha assumido tal posicionamento com tranquilidade. É claro que já me vi analisando que fulano seria um ótimo pai, mas um péssimo marido, ou que ciclano faz um sexo exemplar, mas é incapaz de ajudar com a louça. Agora, como exercer o dinamismo a que Maria Homem provoca?

Confesso que a stalkeei na internet, para tentar descobrir como ela organiza sua vida privada, se pratica, em alguma medida, a liberdade que apresenta, ou se está feliz em um modelo tradicional de margarina Doriana. Nenhuma dessas possibilidades diminuiria seu trabalho ou os ensinamentos que proporciona, mas eu tive interesse em conhecer como seria a rotina amorosa de uma pessoa que reflete com tanta clareza sobre as práticas que forjam um casal.

Concluo que não há regras para as combinações do amor, para o que faz o coração palpitar diferente, e que não precisamos nos ater a padrões externos. É possível realizar vários modelos ou maneiras de se estar casado. Gostaria de ter a possibilidade de experimentar algo diferente do que vivi até o momento.

Por enquanto, a minha resposta ao dilema "Por que tentar se relacionar com outro ser humano e formar um casal?" é: porque tenho vontade de fazer esse exercício, porque acredito que isso pode me transformar de maneira positiva e que saberei sair quando não for bom para ambos.

Percebo, enfim, que a razão da minha angústia não é a solidão, mas a repetição. Será que todos os anos daqui para frente serão assim, eu comigo mesma nos rolês da vida? Não me parece ruim, como lembra a música que abre este capítulo, tenho mil coisas para fazer, estou ocupada constantemente e curto a minha presença. O que me aflige é a sombra do imobilismo, da constância. Respiro fundo, então, e lembro que tudo é impermanente, que eu mesma sou capaz de alterar o fluxo da minha rotina, como já o fiz quando foi necessário, e que saberei fazer esse movimento outra vez quando chegar a hora. Tenha calma, está tudo bem.

3.2 MAR ABERTO

Quando me separei, eu sentia muita necessidade de outros corpos, cheiros, sexos. Eu precisava estar com outras pessoas e transar periodicamente da mesma maneira que precisava respirar. Nesses relacionamentos fugazes, não me importava tanto o outro. Eu saía com qualquer ser humano que me inspirasse confiança. Era um movimento que partia de mim unicamente: o outro era apenas um vetor para eu transbordar todo o tesão, a alegria e a intensidade pela vida que eu sentia.

Essa fase durou quase dois anos. Aos poucos as coisas foram se acalmando dentro de mim, e eu, finalmente, percebi que não precisava mais do outro para saber quem eu era, para extrapolar minha energia, para ficar em paz com tudo o que sentia em meu interior.

Ao mesmo tempo em que essa onda de calmaria emocional chegava, aumentei minha intensidade de trabalho, isso também contribuiu para eu desejar sinceramente o silêncio, a paz do meu sofá, a boa companhia de uma pizza e uma cerveja nas noites de sexta-feira. Foi tão natural, tão espontâneo, que resolvi ouvir meu corpo e deixar fluir.

Naqueles meses frenéticos de aplicativos de paquera e flertes na rua, eu me apaixonei algumas vezes. Ainda que, nessas ocasiões, as paixões ruíam com a mesma velocidade com que chegavam, foi bom sentir de novo essa emoção, essa alegria adolescente ao receber mensagens do ser desejado. Ruía de maneiras muito cristalinas, porque eles não eram a pessoa que eu imaginava, porque não era o momento para eu entrar em um novo relacionamento. Quando as paixões acabavam, eu ficava um pouco triste, mas usava a experiência para refletir sobre o que eu havia feito de certo ou errado e o que, afinal de contas, eu esperava daquelas relações.

Alguns sinais, que eu também chamo de proteção divina e instinto, geralmente, indicavam que o fim estava próximo. Um certo padrão que se repetia, avisando que a hora da retirada havia chegado. Quando isso acontecia, eu não reconhecia mais a pessoa.

Simplesmente, chegava ao local do encontro, às vezes, a própria casa do cara, mas, ao olhá-lo, não o reconhecia, como se nunca o tivesse visto antes, como se ele não fosse a pessoa por quem eu estava apaixonada, como se eu não soubesse quem era aquele ser humano parado na minha frente. De repente, uma voz me dizia, firme: "Quem é esse cara, Marcela?" Isso aconteceu com certa frequência, às vezes, demorava umas semanas, outras vezes, eu já sentia logo no segundo ou terceiro encontro, e, lentamente, aprendi a entender e respeitar esse alerta.

Em meio a esses altos e baixos da vida de divorciada, Frida me trouxe uma sabedoria sobre homens e relacionamentos. "No final das contas, Marcela, os homens são todos um pouco parecidos, os problemas meio que se repetem. Na real, eles são apenas um holograma de tudo o que a gente projeta". Quando a pergunta "Quem é esse cara?" começou a me rondar, eu compreendi o ensinamento da Frida. Eles eram apenas um holograma do que eu desejava, mas eu não tinha tanta certeza assim dos meus desejos, então, esses hologramas iam e vinham aleatoriamente. Eu só sabia que não queria nada parecido com meu antigo casamento, nada. Nem da época em que éramos namorados, nem depois, absolutamente nada que me lembrasse daquela relação. Eu só queria o novo, o diferente, e nessa busca me perdi e me encontrei diversas vezes.

Mesmo tendo encontros fugazes, eu gostava de construir uma história ou tentar engatar um romance, um namoro. Mas o que era um namoro, afinal? Se não podia ser absolutamente nada do que eu havia conhecido até então, o que seria?

Foi assim que um dia, por acaso, assisti a um filme argentino que me fez entender o que era esse tal namoro. Não consigo lembrar o título nem com a ajuda do Santo Google, mas é uma película ótima, que me deu a resposta que eu precisava. No enredo, um casal que havia estado junto durante a juventude se reencontra, por acaso, após muito tempo, mas tudo acontece em uma ocasião tumultuada, porque ela havia perdido o pai e precisou voltar repentinamente ao seu país, deixando emprego e namorado, tendo de lidar com a mãe, os parentes próximos, as mágoas familiares. Eles não transam no primeiro reencontro, porque ele havia feito uma cirurgia simples e não podia ter ereções, mas ele mente para ela – o cara é um mentiroso compulsivo, o filme também fala sobre isso. A história é muito sensível, muito linda, como só o cinema latino-americano sabe ser. Após alguns cafés, ele pergunta: "Eu gostava tanto de você naquela época adolescente, mas você sumiu de repente, por quê?" Então, ela responde: "Porque você só me levava a lugares sem janela, tipo motel, nós só saíamos para transar, e eu queria um namorado: alguém para passear na rua, comer pipoca no cinema, sair para jantar, apresentar para minhas amigas".

Era isso. Eu havia entendido o que era um namorado. E passei a cobiçar esse ser humano com quem eu sairia para comer, ver filmes e encontrar os amigos. Um namorado, enfim.

Dizem que temos tendência a repetir padrões de comportamentos. Minha psicóloga me explicou que só fazemos determinadas repetições quando algo não está psiquicamente elaborado. Karl Marx, para usar uma referência da minha área, explica que a História sempre se repete duas vezes: primeiro como tragédia, depois como farsa. Seja com Freud ou com Marx, eu me vi em uma mesma encruzilhada em meados de 2007 e, novamente, mais de uma década depois.

Nos idos de 2007 eu conheci um boy ótimo. Vou chamá-lo de Antônio. Nós nos conhecemos em um forró, em uma época anterior aos aplicativos de paquera e mensagem instantânea, e tivemos um caso por cerca de um ano. Na época, Frida dizia que éramos namorados, porque ele era a minha "foda fixa monogâmica" e conhecia minha família. Na verdade, nossa relação não era exatamente fixa, tampouco monogâmica.

Antônio foi um divisor de águas em minha vida. Com ele aprendi a cozinhar arroz, fazer sexo anal, andar de bicicleta, gozar várias vezes na mesma noite, dormir sem me preocupar com a hora de acordar, além de preciosas dicas de sexo oral. Mas não só isso. Antônio era livre de uma maneira tranquila e contagiante. E parte dessa liberdade consistia em manter uma distância segura entre a gente. Eu me sentia confortável e incrivelmente acolhida junto com ele. Sentia carinho, afeto, mas não posse ou parceria. Nossa relação se forjava a cada encontro, sem contrato, sem promessa.

Ao final de um ano, havíamos construído uma sintonia, um sentimento bom que eu chamo de amor, mas não de intimidade ou projetos comuns. Depois de tantos meses, eu estava um pouco cansada, porque sentia que estávamos nos repetindo, parados, em vez de estarmos em movimento. Para mim, mesmo antes de conhecer o budismo, o movimento sempre foi um termômetro de que as coisas estão bem. Eu queria novos desafios: encontra-lo mais vezes durante a semana, sermos mais presentes na rotina do outro, eventualmente, morar junto, enfim, transformar aquele caso leve em algo mais sólido. Por fim, perdi a paciência e, sem vislumbrar perspectivas de mudança, terminei com Antônio.

Não sei se fiz bem ou mal, mas eu estava incomodada e procurei a solução que me pareceu mais plausível: determinar o fim e partir para o próximo. Lembro que sofri um pouco, depois passou, conheci outros amores, e, quando estava bem tranquila, meu ex-marido entrou em meu caminho.

Naquela ocasião eu fiz uma escolha: casos leves, sem comprometimento e projetos a médio prazo não me bastariam. Fui para o outro extremo, o de construir uma relação pesada, onipresente, que aparentava segurança e fortaleza.

Mais de uma década depois me vi em uma encruzilhada muito semelhante, tive a possibilidade de nutrir um caso descompromissado ou casar com uma pessoa que me desejava 24 horas por dia. Optei por buscar uma terceira via desconhecida: o mar aberto.

Nós nos conhecemos no segundo semestre, não lembro ao certo o mês, mas me lembro que quando chegou meu aniversário, em dezembro, não hesitei em convidá-lo, e ele compareceu. Foi um aplicativo de paquera que nos uniu, ele era um tipo completamente fora do meu script: um policial militar. Vou chamá-lo de Peter.

Achei sensacional conhecer alguém totalmente inusitado para o meu repertório esquerda-humanas-classe-média-branca.

DEPOIS DAQUELE DIVÓRCIO

Peter tinha uma origem humilde, pai anônimo no RG, dois filhos e três casamentos desfeitos, fazia mestrado, morava a duas quadras de distância de mim e havia votado em um candidato duvidoso na última eleição presidencial. Quando contei ao meu pai que estava saindo com um capitão da PMDF, ele ficou cinco segundos calado, o que, para seus padrões, significa algo próximo a um aviso de uma hecatombe nuclear. Expliquei que nos havíamos conhecido por um aplicativo e que a mágica desse recurso era justamente esta: conversar com pessoas que, talvez, você não encontrasse fora dali. "Porque, talvez, não seja mesmo para encontrar, Marcela", professou meu pai, com a clássica sabedoria paterna.

Fato é que Peter me fez um bem incrível. Foi o primeiro homem com quem me relacionei na fase de calmaria. Eu estava com ele porque queria a sua companhia, e não porque estava desesperada por qualquer corpo. Lembro-me de estar tranquila sozinha, buscava me encontrar com ele em uma periodicidade aleatória, apenas quando parecia oportuno tê-lo por perto. Peter era gentil, tratava-me bem na cama, conversávamos sobre qualquer assunto, e sentia que havia um encantamento mútuo por ambas as biografias. Nossos passados distintos nos colocaram no mesmo lugar no presente: duas pessoas livres, com interesses comuns e alguma sintonia. Havia paz depois que transávamos, sua presença me trazia tranquilidade, eu me sentia verdadeira quando nos olhávamos nos olhos.

Até que, novamente, eu perdi a paciência. Queria dar mais um passo na direção do compromisso, da rotina, da presença. Lembro que era Carnaval, combinamos de almoçar na minha casa, fiz uma macarronada com molho vermelho de tomates que eu mesma havia cortado e temperado, organizei folhas, frutas, flores, usei meu faqueiro Riva e um vestido sem nada por baixo – tudo planejado para o xeque-mate.

Eu gostava de muitas coisas no Peter e em mim quando estávamos juntos. As piadas combinavam, as indiretas fluíam, os olhares se cruzavam na hora certa. Eu me sentia mulher ao seu lado, adulta, uma pessoa normal. Eu me sentia eu ao seu lado. Era fácil estar na sua companhia, e eu desejava novos desafios para a nossa relação: fazer uma viagem, almoçar com os filhos dele, ir ao cinema toda semana. Sermos um casal, como no filme argentino.

Peter não era inocente, tampouco jovem. Quando perguntei, naquele bonito almoço, por que não poderíamos nos encontrar duas vezes na semana e quando, afinal, iria conhecer seus filhos, ele sabia exatamente quais eram minhas intenções por trás daquelas palavras. Com muita firmeza e prontidão, ele apenas respondeu: "Não, ainda é cedo. Duas vezes na semana é muito".

De novo, senti o mesmo gosto amargo que Antônio havia deixado em mim. A ideia de que "Sim, eu sei namorar, sei o que é isso, porque já fiz antes, mas não farei com você". Em ambos os relacionamentos eu conheci essa nuvem de "com você não vai rolar", que me dava um gosto amargo de fracasso, de insuficiência, que transformava esses casos leves em uma sensação ruim.

Por uma alegria do destino – e ele sabe trazê-la na medida certa –, por acaso, reencontrei Antônio em uma viagem de férias. Já havíamos passado os nossos 35 anos de idade, ficamos juntos algumas horas e, de repente, parecia que tínhamos 20 anos de novo (porém, melhor, porque na verdade já estávamos mais próximos dos 40 anos). A mesma ternura e sintonia rolaram de forma muito natural. Rapidamente, lembrei porque eu havia me apaixonado por ele e porque também havia desejado me afastar. Nós transamos com a mesma tranquilidade de antes, e toda essa repetição me fez refletir sobre o quanto somos capazes de mudar ao longo dos anos.

Fiquei muito feliz de reencontrá-lo naquelas circunstâncias. Mesmo. Foi bom agradecer pelas coisas que havíamos vivido juntos. Senti uma alegria pela passagem do tempo, pela conexão com uma pessoa que faz parte de um período querido da minha história. Antônio está em meu coração, ao lado de outros homens por quem tenho carinho e que, certamente, receberei com um sorriso se o acaso nos colocar na mesma calçada novamente.

O diferente no reencontro com Antônio, depois dos 30 anos, foi que dessa vez eu era a outra. A oficial chegaria no dia seguinte, por isso, meu *day use* tinha hora certa para expirar. Foi divertido estar do outro lado. Lembrei-me de quando fui conhecer a família dele pela primeira vez e sabia – porque as mulheres sabem – que outras haviam passado por aquele corpo naquela temporada. Não era vingança ou sentimento de competição entre fêmeas, como "Ah, agora eu fiz com ela o que fizeram comigo", ou algo do tipo. Na verdade, eu percebi que não fazia muita diferença entre ser a oficial ou a outra. Senti-me alegre e livre, porque entendi que para homens como Antônio ou Peter todas são especiais mais ou menos do mesmo jeito, as mulheres são bem tratadas, desejadas, e, se há sintonia, desfrutar-se-ão pelo tempo que houver.

Eu consigo sentir e racionalizar tudo isso, mas quando estava no meu melhor estilo Amélia, conquistadora em plena segunda-feira de Carnaval, e ouvi um retumbante "Não, não vamos namorar", o que fiz foi me vingar saindo com o colega do trabalho.

Vou chamá-lo de Eduardo. Quem nos colocou em contato foi uma colega da firma, que me abordou aleatoriamente um dia no café e disse: "Escuta, quero te apresentar um amigo que combina contigo: também teve um divórcio difícil, gosta de sair para beber, para se divertir, quer ter filhos, família, trabalha com educação. Você está comprometida com alguém agora?" Respondi que até gostaria de estar, mas o dito cujo não estava exatamente interessado em me colocar no lugar de namorada. "Então, vou dar seu telefone para ele, posso?" Uma voz dentro de mim gritou "Não!", como gritaria nas várias vezes em que eu estava com Eduardo. Mas quem respondeu foi a Gal, que disse prontamente: "Se for da minha idade ou mais velho do que eu, pode, porque eu já não tenho paciência com a juventude".

Então, Eduardo e eu começamos a trocar mensagens. Eu achei ótimo trocar mensagens com uma pessoa que estava interessada em me conhecer. Foi uma válvula de escape supereficaz naquele momento, porque eu havia decidido, desde que Peter explicitara seu desejo de não me encontrar mais vezes na semana, simplesmente, não o procurar mais.

Durante alguns meses vivi esta dupla jornada: ora conversava com um, ora recebia um meme de outro; ora ficava feliz com uma mensagem, ora ficava triste com a ausência de outra. Isso não me fez bem. Eu nunca gostei de ficar papeando com duas pessoas simultaneamente. Por mais fugaz e frívolo que fosse o caso, sempre preferi fazer uma coisa de cada vez. Até nos aplicativos, quando uma conversava engatava, eu automaticamente interrompia as outras. Mas, por circunstâncias da vida, fiquei nesse chove não molha com Eduardo & Peter, o Batman & Robin, como minha mãe carinhosamente apelidou essa confusão.

As coisas do amor têm um *timing*. E, ao mesmo tempo em que meu caso com Peter esfriava, já que só nos falávamos no mundo virtual, Eduardo se fazia cada vez mais presente. Almoçávamos várias vezes na semana, ele estava abrindo sua rotina para mim, e, de repente, marcamos um bar sexta-feira à noite.

Eu não estava muito confortável com aquele encontro. Mas era sexta-feira, Peter estava distante e havia negado minha última tentativa de reaproximação. Durante um tempo, eu brincava com o Peter dizendo que, na verdade, foi ele quem me havia jogado nos braços do Eduardo e que a responsabilidade por toda a confusão que esse encontro gerou foi culpa dele, Peter, que não aceitou me assumir. Obviamente, essa piada interna tem graça apenas como chacota, porque eu sou inteiramente responsável por todo o desenrolar da minha história com o Eduardo, que começou em uma sexta-feira, após uns cigarros e meia dúzia de cervejas no centro de Brasília. A expressão *centro de Brasília* não tem o menor sentido, assim como eu ter ficado com o Eduardo naquela noite. E no dia seguinte novamente.

Antes de entrarmos no carro à caminho de casa, aquela mesma voz que gritou "Não", quando minha colega pediu autorização para nos colocar em contato, soprou em meu ouvido: "Marcela, não há nada nesse cara que te atrai, por que você vai dar para ele?" Então, a Gal respondeu bem faceira: "Porque é sexta-feira".

Eduardo mexeu de um jeito comigo que, sinceramente, eu preferia não pensar em um sentido para aquilo. Achei totalmente desnecessário o universo ter me mandado essa. Enfim, a vida é o que é, só nos resta encará-la de frente. Naquele final de semana, depois que ficamos, eu chorei várias vezes. Não conseguia entender por que meu corpo tinha tanta angústia e tristeza para colocar para fora. Nossa história durou cerca de um ano, e eu gostaria de ter ouvido aquela primeira voz e esse choro com mais confiança.

Eduardo me fez lembrar das coisas boas de estar casada, que eu havia esquecido completamente que existiam. Sexo fixo toda semana. Alguém com quem ficar doente junto. Um abraço no final de um dia difícil. A companhia garantida no almoço de domingo. Dividir a conta do restaurante. Dormir de conchinha em dias de chuva. Projetos e sonhos comuns.

Acontece que os sentimentos que me levavam até Eduardo não eram bons: medo, angústia, solidão. Eu queria tanto encontrar uma pessoa para ocupar o lugar de namorado, de marido, queria tanto me sentir segura com outra companhia, ter a certeza de algo assim, que as sensações se misturavam em meu corpo de uma maneira que eu não conseguia compreender. Durante uma noite de sábado muito agradável, em que estávamos juntos em um show de MPB, eu olhava as pessoas ao meu redor e pensava "Eu já estive do outro lado, sozinha ou com amigos, desejando estar com um parceiro. Não há problema em estar em nenhum desses lados, mas por que eu simplesmente não consigo relaxar e me sentir bem agora, com esse cara ao meu lado?" Naquela noite eu o chamei pelo nome do meu ex-marido, de novo.

Era um *déjà-vu* emocional. De alguma forma, havia algo em Eduardo que me fazia sentir como quando eu estava casada, não nos momentos bons de casada, mas, sim, nos de tensão e angústia, especialmente, no final daquele relacionamento. Eu sentia tristeza e culpa, porque queria estar com ele, mas não conseguia relaxar. Aos poucos, entendi que, na verdade, eu queria estar com tudo o que Eduardo representava: uma relação estável, uma resposta para um lugar social, a certeza de poder contar com alguém nos momentos difíceis, além, claro, do sexo fixo e da intimidade. Eu queria tudo isso, mas não ele. Quanto mais nos aproximávamos, mais angustiada eu ficava.

Essa relação mexeu tanto comigo, em tantos sentidos, que eu poderia escrever um livro somente sobre ela. Foi um período que me fez pensar o quanto somos destinados a repetir os mesmos padrões, a atrair os mesmos formatos de parceiros e a ter clareza do que realmente desejamos para nós mesmos.

Uma das coisas que mais me incomodavam era que meu ímpeto em procurá-lo surgia sempre nos momentos difíceis ou ruins, no entanto, eu acreditava que um relacionamento deveria ser mobilizado por sentimentos bons. Quando eu estava apaixonada por um homem, lembro me sentir linda antes de ir ao seu encontro, de estar leve, de pensar que eu era especial para aquele alguém, ainda que fosse algo temporário, passageiro. Com Eduardo eu me sentia impelida a estar na sua companhia em dias de chuva, de doença, de solidão, de estar fragilizada e precisar de um colo, de me sentir amada – e ele sempre estava lá. Eu seguia me enveredando naquela relação como um novelo, sem saber como sair.

Eis que vivendo essa onda de sentimentos e sensações confusas, eu fiquei grávida. Eduardo e eu queríamos muito ter um filho, construir uma família, celebrar o amor, a vida. Esses desejos comuns contidos, aliados a muito sexo movido a tabelinha e coito interrompido, resultaram em uma gravidez. Quando me vi grávida, interrompi todo e qualquer fluxo de pensamento de análise interna e foquei em uma única meta: isso tem de dar certo, pelo menos por um tempo, enquanto essa criança nasce e cresce.

Apesar de toda a minha segurança feminista, naquele momento eu não cogitei sequer por um segundo ter aquele filho sozinha. Eu me vi frágil e com medo por outra vida, disposta a anular qualquer sentimento de dúvida em relação ao meu parceiro, em nome de uma segurança familiar para esse ser humano que se formava em minha barriga. Eduardo era uma pessoa bacana, organizado, tínhamos hábitos comuns, transávamos loucamente. Tudo isso bastava naquele contexto para eu propor um casamento, vida a dois e, afinal, um lar familiar tradicional. Hoje, penso que poderia ter conduzido a situação de uma outra maneira, mas, naquelas condições, fiz o que pareceu ser o mais correto.

Foram meses de muita confusão. O único momento de leveza e diversão foi proporcionado pela Vitória, que, sempre munida de um senso prático e de muito amor, organizou um jantar entre amigos para celebrar aquele ser que se formava dentro de mim. Foi a única vez que eu me senti grávida, falei sobre isso abertamente, de forma desarmada, sem me julgar.

Esse turbilhão de emoções durou pouco. Durante nossa ida ao médico para ouvi-lo, o coração daquele ser que havia virado nossas cabeças e corpos não bateu: algo havia acontecido, e a gestação estava interrompida. Senti um misto de tristeza e alívio, alguma impotência diante da natureza e gratidão por ter me aproximado e me afastado da maternidade.

No período de um ano, Eduardo e eu iniciamos e terminamos o namoro por umas quatro vezes. O primeiro término foi logo após sabermos da interrupção do desenvolvimento da gravidez. O segundo foi na minha casa, após discussões estranhas sobre estar feliz & fazer compromissos. A terceira vez foi na casa dele, após passarmos um feriado juntos e eu ficar cansada como se fossemos casados há 20 anos. Na quarta vez, os encontros simplesmente rarearam, e o fim chegou de forma natural.

Eu tinha vontade de estar com ele, de ouvi-lo ao telefone, de ter seu corpo junto ao meu, suas roupas em meu armário. Mas, toda vez que a proximidade e a cumplicidade cresciam, eu me sentia triste, surgiam insônias, espinhas, cacoetes, cólicas e um aperto terrível no peito. Encontrar um lugar em meu coração para o Eduardo foi um movimento difícil, que me exigiu um grande esforço emocional.

Por que eu simplesmente não me apaixonava por ele, engravidava e seguia uma família feliz? Ele tinha tantas qualidades, mas ainda assim eu me culpava o tempo todo por não conseguir relaxar, pensava que, se eu não conseguisse construir uma família com um cara tão bacana como ele, não seria capaz de fazer isso com mais ninguém. Do jeito que a gente transava, dançava e se divertia nos rolês, eu nem precisava estar apaixonada, na verdade. Se agora, neste momento em que escrevo, eu conseguisse me manter plena e em paz na sua companhia, eu me casaria com ele imediatamente, mas eu não conseguia fazer isso por meras 48 horas seguidas.

Então, vislumbrei duas explicações para essa dificuldade em relaxar. A primeira delas era que Eduardo representava o marido que eu gostaria que meu primeiro marido tivesse sido, mas não foi. Um marido que pensasse em mim antes de tudo, quisesse a minha companhia de forma onipresente, cuidasse das questões materiais com uma presença infalível e se importasse com as minhas vontades. "Você que manda", dizia Eduardo para as perguntas mais básicas, como o sabor da pizza de domingo, ou para questões mais importantes, como o destino de uma viagem ou projetos sobre moradia e aposentadoria. Se tivéssemos nos encontrado nos idos de 2009, talvez, a realização dos desejos daquela jovem e ansiosa Marcela teriam se concretizado. Acontece que, agora, eu não era mais aquela menina, e, do mesmo modo, minhas expectativas para um casamento eram outras. Hoje, eu desejo um parceiro que me veja como uma adulta, que seja capaz de tomar decisões de forma conjunta, em um calmo diálogo olho no olho numa mesa de café da manhã.

Em alguns momentos, Eduardo verbalizou insegurança sobre mim, sobre nós. Ele dizia que minha companhia funcionava, por vezes, como uma criptonita; ao que eu respondia: "Sim, não conseguimos ficar bem juntos, não conseguimos ficar tranquilos separados, por que insistimos tantas vezes?".

A monja Coen narra com maestria uma parábola chinesa sobre quatro tipos de cavalos. Reproduzo a versão online dessa narrativa[5]:

---

[5] Disponível em: https://www.monjacoen.com.br/textos/entrevistas/48-vai-passar-monja-coen--responde-sobre-a-impermanencia. Acesso em: 05 abr. 2020.

Buda dizia que os seres humanos podem ser comparados a quatro tipos de cavalos.

O primeiro cavalo, ao ver a sombra do chicote, galopa. Este seria o ser humano que ao ouvir sobre sofrimento e dor de seres desconhecidos, começa a apreciar sua vida.

O segundo cavalo, precisa ser chicoteado na pele para galopar. É a pessoa que precisa sentir a dor ou o sofrimento de alguém conhecido (mas não muito íntimo) para começar a apreciar sua vida.

O terceiro cavalo precisa ser chicoteado até cortar o pelo e penetrar a carne. Alguém que só começa a apreciar a vida depois de perder ou sofrer muito com as dificuldades de alguém muito amado/a ou próximo/a.

O quarto cavalo só é capaz de galopar quando o chicote o fere até o osso. Essas pessoas só conseguem apreciar a existência quando percebem que ela está quase a se acabar.

Que tipo de cavalo é você? Que tipo de cavalo você pode se tornar?

Acredito que em diversos relacionamentos eu agi como o quarto cavalo. Eu precisava ouvir vários nãos para me retirar, sentir meu corpo padecer até os ossos para partir, vivenciar o sofrimento de tal maneira que não houvesse nenhuma dúvida sobre a impossibilidade da alegria. Quanto de certeza eu preciso ter para tomar uma decisão? Ao identificar esse comportamento do quarto cavalo, comecei a me fazer essa pergunta.

Com a liberdade que o divórcio me trouxe, eu me senti insegura em fazer algumas escolhas. Percebi que tinha dificuldade em assumir simples decisões referentes ao meu orçamento doméstico, porque eu não era mais funcionária pública e poderia ser demitida. Tudo bem, Marcela, mas quanto de segurança financeira você precisa para comprar um sofá? Quanta certeza e segurança você precisa nesta vida? De onde esses sentimentos podem surgir? De uma poupança gorda, de um anel no dedo? A existência não traz garantia nenhuma, apenas impermanência. Diariamente, eu me lembrava desse movimento.

Acredito, também, que voltei tantas vezes ao Eduardo porque era confortável ser amada. Ainda que eu não deseje ser amada exatamente daquele jeito. Em uma das vezes em que terminamos, ele me disse o quanto a minha alegria, o meu sorriso bastavam para ele sentir-se bem. Só que eu não quero ser responsável pela felicidade de alguém dessa maneira, eu quero um companheiro com quem eu possa dizer "Estou feliz com você" ou "Estou feliz por você", mas, não, "Estou feliz por causa de você" ou "Estou feliz só porque você está feliz". O amor de Eduardo era quase um vício, uma droga que trazia uma onda grande em meu corpo, e, depois, quando passava, eu entendia que esse efeito a longo prazo não era o que eu buscava.

Esse incômodo me fez lembrar do conto "What we talk about, when we talk about love", do escritor Raymond Carver. Na história, homens e mulheres conversam em torno de uma mesa sobre relacionamentos e amor. São casais antigos, alguns, inclusive, que já passaram pelo divórcio; à medida que vão bebendo gim e tônica, o nível de tensão da noite vai se acirrando. Uma das mulheres conta sobre um namorado que a amou demais, tanto, mas tanto, que a perseguia mesmo após o fim da relação. Ele se matou por causa do amor que sentia por ela. Seu então marido compartilha sobre as vezes em que precisaram sair às pressas de casa, porque o antigo namorado estava armado ou fazendo algum tipo de ameaça física ao casal. Com o avançar da narrativa, ele diz algo como: "Ele era louco, isso não é amor". E ela responde furiosa: "Não tire isso de mim, por favor, era amor, sim".

Eu sentia que o Eduardo me amava e eu gostava disso. Mas aquilo era amor? É esse o amor que desejo nutrir?

O fato é que o sexo, o afeto que ele tinha por mim e a tranquilidade que um relacionamento estável traz me fizeram tentar diversas vezes. Era uma loucura o tesão que sentíamos um pelo outro, brincávamos que havia uma magia entre nós. Por fim, aceitei o refrão de Duda Beat e entendi que ele seria meu bichinho, por quem nutria um desapego nunca antes sentido e acreditava ser possível sempre voltar para mais uma vez fazermos um amor bem gostosinho. Eu só queria tê-lo bem devagarzinho, doses poucas, distância segura.

A segunda explicação que me fez entender o motivo pelo qual eu não conseguia relaxar com o Eduardo me veio em um sonho.

Em meados de setembro decidi passar o réveillon com a Frida. Foi uma viagem simplesmente perfeita, porque, precisamos reconhecer, Deus é bom todo dia. Fazia quase um ano que não nos encontrávamos, ela havia se mudado há pouco para a casa nova, divórcio finalizado, mas com as burocracias pendentes que fazem o coração sufocar e trazem aquele gosto amargo após os necessários reencontros. Frida e eu nos abraçamos, rimos, choramos, celebramos a amizade e nos energizamos mutuamente. Assistimos juntas ao filme *História de um casamento*, filosofamos livremente sobre o universo. Ela estava maravilhosa no emprego novo, na casa nova, plena de vida. Eu estava bem, tranquila com as minhas dúvidas e caminhando altiva nas minhas escolhas.

Frida me conhece pelas entranhas. A sua opinião e a da Maria Eugênia diferem de qualquer outro amigo, porque elas me reconhecem por dentro. Com elas não há mentira, meias palavras, cara dissimulada. Elas simplesmente sabem.

Nesse réveillon contei à Frida sobre o desfecho com o Eduardo, sobre como mexia comigo ter o amor dele por perto e sobre como eu desejava aquele amor que não me trazia paz de espírito. Contei a história do conto do Raymond Carver, e ela, como provavelmente muitos outros leitores desse conto, disse-me a sangue-frio: isso não é amor.

Se Vitória me ensinou que eu podia querer e ser o melhor da vida, Frida me fez entender o mundo dos adultos. Ambas me ajudaram a ser a mulher que sou hoje, o meu desejo é sempre vê-las seguindo seus caminhos com altivez e sucesso, sinto-me feliz por elas, grata por sermos amigas.

Enquanto compartilhava minhas angústias sobre amor e relacionamento, Frida foi até a estante, pegou um livro e me disse apenas: "Toma, lê este livro". *Só garotos*, da Patti Smith, foi uma grata surpresa. Eu demorei para entender onde aquela narrativa iria chegar, qual era seu fluxo, as conexões internas. Fiquei perdida algumas vezes naquela Nova York cheia de artistas, eventos e bares do momento. Lembrei-me muito de quando era jovem em São Paulo e trocava noites de sono por recitais de poesia em bares descolados da Vila Madalena. Não passei fome nem precisei dividir entradas de museus, mas me identifiquei com a transformação que a experiência urbana traz.

Patti Smith conheceu Robert Mapplethorpe naquele período da juventude e entre eles se estabeleceu um relacionamento de amor. Algumas palavras definem esse amor: parceria, respeito, liberdade, partilha. São palavras que brotam de escolhas, da leveza de saber ser o que se quer. Parte da beleza do relacionamento entre Patti e Robert é que eles não foram um casal, no sentido Doriana do termo: eles não planejaram juntos uma casa no campo em um idílio simbólico envolta de filhos. Patti Smith, depois de alguns anos, até passou a viver afastada da metrópole com os filhos e o marido, sempre falando com grande satisfação desse período que, de novo, foi uma escolha sua para aquele momento.

Só garotos é de uma força incrível, porque mostra que amor não é posse nem necessidade. Robert não precisava do sorriso de Patti para sentir-se feliz, de tempos em tempos se encontravam e compartilhavam o brilho e alegrias próprios que cada um carregava consigo. Eu fiquei tentando imaginar como foi, para ambos, nutrir por tantos anos esse amor tão forte e, ao mesmo tempo, leve. Para mim, uma das cenas simbólicas dessa união é quando Robert, já próximo da morte, encontra-se com Patti e os filhos dela para uma sessão de fotos. Ele, então, hipnotizado pela beleza daquelas crianças, diz: "Patti, nós não tivemos filhos". Ela responde: "Sim, tivemos nossas obras de arte". Os filhos, o namoro, o casamento e o amor entre aqueles dois não estão escritos no dicionário, mas na forma como sentiam e viviam essas palavras.

Eu precisei ver um filme argentino para entender o que namoro significa para mim. E foi lendo *Só garotos*, da Patti Smith, que entendi o que o amor significa.

Por mais que a razão me levasse até o Eduardo, meu corpo e meu instinto o queriam longe e, quanto mais nos afastávamos, mais calma e segura eu me sentia. Meu último aviso de incêndio veio em um sonho, após esse réveillon cheio de conversas, da leitura de *Só garotos*, de algumas doses de análise e grupos de descoberta do feminino.

Nesse sonho eu entrava no meu apartamento de mãos dadas com meu ex-marido e encontrava o Eduardo na minha casa, deitado na cama, nu, esperando eu chegar. Ao nos ver juntos, Eduardo começava a chorar. Eu largava a mão do meu ex-marido e dizia para ele: "Nosso casamento não tem mesmo nenhuma maneira de funcionar, quero que você vá embora". Então, olhava para Eduardo e dizia: "fique aqui o tempo que for preciso para chorar, chore o quanto sentir necessidade, então, depois, vá embora".

Então, entendi e aceitei de uma vez por todas: Eduardo e meu ex-marido eram feitos do mesmo barro. A relação com Eduardo me remetia a um lugar onde eu já havia estado – a vida de um casal como foi a do meu primeiro casamento. Um homem emocionalmente frágil, com dificuldades para expor seus sentimentos, que não conversa tranquilamente sobre o que incomoda ou faz bem, que depende do outro para estar feliz, que agride o que ama quando está contrariado. Eu sabia que precisava fazer algo diferente dos meus antigos relacionamentos.

Em uma entrevista, Laerte, brilhante cartunista, comentou sobre estratégias que usava para ajudar em determinadas decisões, no caso, ela falava sobre colocar ou não silicone nos peitos. Então, compartilhou que, nessas situações de difíceis escolhas, usava três verbos como parâmetro e se perguntava: eu quero isso? Eu posso ter isso? Eu preciso disso?

A simplicidade desse raciocínio é genial, passei a utilizá-lo em diversos momentos também. Em relação ao tema *casar de novo* foi libertador quando apliquei esse questionário e entendi: eu *quero* e *posso* isso, mas eu não *preciso* disso.

Todos aqueles relacionamentos que tive após meu divórcio me fizeram refletir sobre o tipo de parceria amorosa que eu realmente desejava construir e compreender que, principalmente, não era preciso ter pressa: eu posso querer algo e buscá-lo, não preciso aceitar qualquer coisa, a peça do desconto, a oportunidade do momento.

O livro *Mulheres que correm com os lobos*, da Clarissa Pinkolas Estés, é um clássico sobre a descoberta do feminino e o contato com seu instinto selvagem. Uma das lições do conto "A boneca no bolso: Vasalisa, a sabida" é, justamente, sobre o poder de fazer escolhas. As palavras deste trecho me trouxeram o conforto que eu precisava para terminar de entender meu afastamento em relação a Eduardo.

> A escolha criteriosa de amigos e companheiros, para não falar nos mestres, é de importância crítica para continuar consciente, para continuar intuitiva, para manter o controle sobre a luz incandescente que vê e sabe.

> A forma de manter o nosso vínculo com o lado selvagem consiste em nos perguntarmos exatamente o que desejamos. Essa pergunta é a que separa a semente do estrume. Uma das discriminações mais importantes que podemos fazer nesse sentido é a da diferença entre o que acena para nós de fora e o que chama de dentro da nossa alma.

> Funciona da seguinte maneira. Imaginemos um bufê com creme *chantilly,* salmão, rosquinhas, rosbife, salada de frutas, panquecas com molho, arroz, *curry,*

iogurte e muitos, muitos outros quitutes colocados em mesa após mesa. Imaginemos que examinamos tudo e vemos algumas coisas que nos agradam. Podemos comentar com nossos botões, "Ah, eu realmente gostaria de comer um pouco daquilo, e disso aqui, e um pouco mais daquele outro prato."

Alguns homens e mulheres tomam todas as decisões da vida dessa forma. Existe ao nosso redor um universo que acena constantemente, que se insinua nas nossas vidas, despertando e criando o apetite onde antes havia pouco ou nenhum. Nesse tipo de escolha, optamos por algo só porque aconteceu de ele estar debaixo do nosso nariz naquele exato momento. Não é necessariamente o que queremos, mas é interessante; e, quanto mais examinamos, mais irresistível ele nos parece.

Quando estamos ligados ao self instintivo, à alma do feminino que é natural e selvagem, em vez de examinar o que por acaso esteja em exibição, dizemos a nós mesmas: "Estou com fome de quê?" Sem olhar para nada no mundo externo, nós nos voltamos para dentro e perguntamos: "Do que sinto falta? O que desejo agora?" Perguntas alternativas seriam: "Anseio por ter o quê? Estou morrendo de vontade do quê?" E a resposta costuma vir rápido. "Ah, acho que quero... na verdade o que seria muito gostoso, um pouco disso e daquilo... ah, é, é isso o que eu quero."

Isso está no bufê? Talvez sim, talvez não. Na maioria dos casos, provavelmente não. Teremos de ir à sua procura por algum tempo, às vezes por muito tempo. No final, porém, iremos encontrar o que procuramos e ficaremos felizes por termos feito sondagens acerca dos nossos anseios mais profundos.[6]

---

[6] ESTÉS, Clarissa Pinkola. Mulheres que correm com os lobos: mitos e histórias do arquétipo da mulher selvagem. Rio de Janeiro: Rocco, 2018, p. 131-132.

Lembram-se do Peter? O policial militar fora do meu script? Peter e eu viramos amigos de um jeito carinhoso. Gosto de considerá-lo assim e aprendi a valorizar essa relação. É bom quando podemos nos encontrar para conversar e rir dos problemas de adultos quase quarentões.

Eduardo e eu sonhamos um filho juntos, uma vida a dois, uma família feliz correndo pelas praias do nordeste. Em meio a todo o turbilhão dessa experiência, sou grata por termos vivido isso juntos e por termos compartilhado boas sensações. O maremoto emocional que ele provocou em mim me fez ter mais clareza sobre os caminhos que realmente desejo seguir.

Nesse caminho de conhecimento, não posso deixar de falar da Patrícia, de quem fui estagiária em meu primeiro emprego. Quando ela se separou, eu era justamente sua estagiária. Naquela época eu não entendia muito bem o que aquele momento significa na vida de uma pessoa. Anos e trabalhos juntas se passaram, e tornamo-nos amigas. A diferença de idade diminuiu, e as questões transcendentais se aproximaram. Admiro-a desde o meu primeiro emprego, por sua presença feminina, seu profissionalismo e sua sensibilidade.

Depois que me separei, conversamos muito sobre esse tema. Estávamos, agora, do mesmo lado, e surpreendia-me a semelhança de sentimentos, apesar das gerações diferentes e da distância temporal entre os divórcios.

Certa vez, ela me contou que, logo após assinar os papéis da separação no cartório, sentia um vazio estranho, uma angústia na barriga e, por conta disso, dava voltas em uma praça no horário do almoço, na tentativa de apaziguar essa sensação. Ela me explicou isso de uma maneira tão linda, que, de repente, fez todo o sentido. Quando estamos casados, disse-me Patrícia, seguimos um rumo fixo, estamos em terra firme; a separação nos coloca em mar aberto.

Em mar aberto precisamos aprender a navegar com os ventos, olhar para as estrelas, seguir o instinto, lembrar que a tormenta é passageira. É bom convidar algumas pessoas para entrar no barco, é um gesto que dá fôlego e provoca um novo balanço. Depois que se aprende a navegar em mar aberto, não faz mais sentido ficar sentada na areia segurando um drinque na mão somente à espera. A vida, agora, só se faz em mar aberto.

3.3 DIVÓRCIO COMO TRAUMA – NARRAR E RENARRAR

Estou na mesa da minha sala, é terça-feira, tempos de isolamento social por conta da pandemia da Covid-19, o trabalho vai bem, a mente segue tranquila. Sinto falta de encontrar algumas pessoas, mas o período tem sido *ok* em geral. Janto após um dia cansativo e, quando arroto o gole da cerveja, vem uma lembrança. Faz mais de três anos que me separei, mas ainda assim a barriga estufada pela comida e pela bebida me transportou para um tempo longínquo, quando eu era aluna de graduação e namorava meu ex-marido.

Certa vez, naquele período, meu pai foi me visitar em São Paulo com sua mulher e minha irmã, não lembro qual era a ocasião, talvez um show. Fomos todos jantar em uma lanchonete gourmet, pedimos milk-shake, estava delicioso. Enquanto aguardávamos os lanches, meu ex-marido e eu nos entreolhamos, estufados por aquela bebida doce e viciante, então, comentamos como era gostoso aquele sabor, apesar de a porção ser maior do que suportaríamos como um acompanhamento. Naquele mesmo instante da conversa, meu pai chamou o garçom e pediu outro milk-shake, completando o que nos parecia a maior façanha alimentar da noite. O pedido do meu pai "Garçom, me vê mais um milk-shake" virou piada interna entre meu ex-marido e eu, traços da intimidade que a convivência forja.

A sensação de barriga cheia, agora, mais de 10 anos depois daquele acontecimento, fez meu corpo acionar a memória daquele mesmo milk-shake, a delicada cumplicidade do riso que, durante alguns anos, foi só meu e do meu ex-marido. Tenho dificuldades em compreender o percurso associativo que minha mente fez, criando conexões que me pareceram absolutamente descabidas. Fato é que lembrei, e a irrupção dessa lembrança assim, de maneira tão despropositada, soou como um farol que, de repente, ilumina uma parte longe do campo de visão, que aparece sorrateiramente em uma visada certeira.

É muito raro que eu me lembre assim do meu casamento ou dos episódios de cumplicidade que vivia com meu ex-marido. É mais comum o contrário: quando por ventura o encontro, ao compartilhar alguma notícia antiga, surpreendo-me por não ter pensado nele na ocasião do episódio narrado. Na maior parte do tempo sequer me lembro de que um dia fui casada, ou da rotina daquela vida, tão distante do que sou agora.

Essas irrupções de memória, como o chá com madeleines da narrativa de Marcel Proust, são um pouco doloridas. Como a personagem do livro, é doce o sabor da lembrança, a nostalgia, mas a distância intransponível, a imagem de uma vida que já não existe mais colocam o presente em uma outra perspectiva.

Tenho muito mais próximos de mim as cenas do período do divórcio, o último ano que passamos juntos, as discussões, o vazio no coração e o gosto amargo do fracasso emocional. Quando uma memória boa irrompe daquela maneira, fico até meio perdida, sinto dificuldade em conectar essas partes na mesma história.

Hoje, tudo me parece tão equivocado em meu primeiro casamento, desde os tempos do namoro. É um exercício estranho recolocar os sentimentos bons que me levaram até àquele homem. Eu sentia uma paixão tão grande por ele, um amor que me preenchia de uma maneira que me parece algo totalmente improvável na atual Marcela. Compreendo, agora, quando algumas pessoas professam frases como "Fulano foi o amor da minha vida", "Nunca mais amei alguém como ciclano" – não que a paixão ou o amor pareçam inacessíveis daqui para frente, mas desconfio que amar daquela maneira ingênua e absoluta seja algo exclusivo de uma distante juventude.

O tema da memória me atrai bastante. Gosto de refletir sobre sua construção em termos culturais e psicanalíticos, não me interessa muito as sinapses que produzem as lembranças nos cérebros. Nesse sentido, o ato de narrar acontecimentos passados é terapêutico tanto em processos de elaboração de questões violentas ou traumáticas quanto para compreensão da própria identidade. A narrativa organiza o vivenciado e acomoda nossa psique.

Durante alguns anos estudei sobre a literatura produzida por sobreviventes do Holocausto – ou Shoah, termo mais adequado para os especialistas no tema. Fui surpreendida com a semelhança na maneira com que descrevem as aflições, as impossibilidades de narrar o inenarrável em paralelo a uma necessidade vital de contar o que estava escrito em seus corpos. Aprofundando a pesquisa na literatura de sobreviventes de situações violentas, descobri os relatos de presos políticos brasileiros e, depois, de presos comuns, todos imersos nos mesmos dilemas narrativos e à deriva na rotina após a liberdade, em busca de uma possível normalidade. Há um vasto material acadêmico sobre esse tema, além de grupos de pesquisa no Brasil e em universidades de outros países dedicados a refletir sobre a literatura de testemunho. O estudo desse material revelou-me uma intricada relação entre a memória, o trauma, o esquecimento e a escrita.

O conceito de trauma, para a psicanálise, remete a situações que marcaram de forma indelével a psique, que transformaram de maneira marcante a identidade de uma pessoa. Não sou uma especialista no tema, e meus estudos são circunscritos a autores que discutem essas ideias relacionadas à literatura de testemunho e à escrita da História, de modo que algum estudioso da área pode trazer uma contribuição diferente da minha. Fato é que há o reconhecimento de que algumas experiências, geralmente associadas a contextos de violência, adquirem um lugar diferente na nossa constituição emocional, caracterizando-se assim como traumas.

Várias pontas se uniram dentro de mim quando comecei esses estudos. Minha profissão, a História, a maneira de estar e ler o mundo, tudo isso assumiu outras tonalidades. A própria narrativa, seja em uma sala de aula, em um texto jornalístico ou em uma ficção, assumiu outro status, uma aura própria, uma função de importância incomparável.

Nessa perspectiva, a escrita da História teria também uma responsabilidade para com os mortos, os sobreviventes, os relatos que não entraram nos discursos oficiais do Estado. Como saberemos sobre a violência enfrentada, sobre as estratégias dos que sobreviveram? Como compreender a sociedade em que estamos inseridos, ignorando o que acontece com uma parte dessas vidas?

Primo Levi, um ícone da literatura de testemunho, narrou diversas vezes sobre um sonho recorrente – comum, aliás, aos que, como ele, sobreviveram aos campos de concentração da Segunda Guerra Mundial. No sonho, ele tenta falar sobre os horrores vividos e presenciados, a maldade e a humilhação entre os homens, a culpa pelo pedaço de pão roubado, o fato de ter garantido sua sobrevivência por meio de sorte e estratégia; também trata das pessoas ao seu redor que, simplesmente, não escutam sua voz. Faltam ouvidos para sua narrativa. Ele fala, ele precisa falar, mas ninguém escuta. Sem a escuta não é possível o reconhecimento do narrado, o exercício de elaboração necessário para quem sente necessidade de contar.

Pouco antes de me separar, visitei uma amiga que morava com outra colega, vou chamá-la de Júlia. Não tínhamos nos conhecido antes daquela ocasião, mas a amiga em comum fez com que Júlia e eu sentíssemos uma cumplicidade imediata e, no final das contas, tínhamos muito em comum. O divórcio de Júlia era recente, e ainda restavam pendências burocráticas a resolver, como a famigerada conta conjunta no banco, que impunha diálogos frequentes com o ex-marido.

Eu sabia muito pouco sobre o casamento dela – haviam se conhecido na graduação, como a maioria dos casais amigos, aparentemente ficariam juntos para sempre, tamanha afinidade e alegria que irradiavam, então, decidiram abrir a relação, e o caldo da felicidade conjugal entornou. Não foi um processo muito racional ou organizado, Júlia me contou, e o término foi rodeado de idas e vindas, pedidos de desculpas e voltas, tentativas, mágoas. Até que o ponto-final chegou depois de um abençoado banho de mar na Bahia, onde ela mentalizou várias vezes palavras como "Agradeço esse amor lindo, essa pessoa maravilhosa, mas, agora, eu preciso deixar esse casamento, esse amor vai ficar aqui, nessas águas, nessa Bahia que amo também. O mar vai levar e guardar nossa história".

Quando começamos a conversar na mesa da cozinha era dia. Falei pouco, tinha necessidade de escutá-la, fiz perguntas tentando entender seu percurso emocional, tentei me colocar no lugar dela, dele, senti uma enorme gratidão por ela ter compartilhado de maneira tão franca suas emoções comigo. Em algum ponto dessa história, entendemos que a conversa havia acabado, a cozinha já estava escura pela ausência do sol, e Júlia disse-me então: "Foi catártico esse momento, estou me sentindo bem melhor, obrigada por me ouvir".

Não imagino uma régua que meça da mesma maneira a experiência de um divórcio com a trajetória dos sobreviventes de guerra e de outras violências cometidas pelo Estado, mas encontro semelhanças no efeito narrativo e transformador que o final de um casamento assume para algumas pessoas. Conheci pessoas que sequer sabem o que aconteceu com os antigos cônjuges, elas casam e descasam com a mesma tranquilidade com que realizam uma refeição. Mas há uma parcela de divorciados que demora anos até conseguir se relacionar novamente; outros que fecharam o coração e decidiram que já preencheram a vaga do amor em suas vidas, sem espaço para ninguém mais. Vi também divorciados rancorosos, apegados ao ex-cônjuge e a um passado distante e, às vezes, pouco fiel ao vivido. Há ainda os que permanecem em um casamento insustentável pelo medo e pela incapacidade de se assumirem em um outro lado, o dos divorciados.

O final de um casamento não é sempre traumático, mas pode ser uma experiência bastante dolorosa e marcar como um trauma o corpo de algumas pessoas. Até o momento, escrever uma dissertação de mestrado e terminar meu casamento foram as experiências mais difíceis que atravessei e elas aconteceram simultaneamente. Talvez, porque ambas estejam relacionadas a um ponto em que precisei realinhar a rota da minha existência, olhar para dentro de mim e, de novo, para fora, encarar de frente problemas que me paralisaram em um lugar em que eu não queria mais estar. Para esse caso, nessa situação, sinto que meu divórcio assumiu um lugar de ruptura traumática e que, infelizmente, ainda volta de tempos em tempos. Sinto a necessidade de refazer minha narrativa, como se, a cada vez que elaborasse uma parte daqueles acontecimentos novamente, aquela experiência se acomodasse em um lugar emocional mais confortável.

Como percebo essa insistência, fico muito atenta a sua repetição. Observo e me pergunto: será que todas as vezes em que eu conhecer uma nova pessoa e me apresentar preciso dizer que sou divorciada? Que vim para Brasília por causa do meu ex-marido e me divorciei aqui? Eu mesma me canso dessa apresentação e fico em dúvida sobre onde colocar essa marca.

Quando eu estava na faculdade, Frida tinha um colega de turma habitué nas festas – vou chamá-lo de Alexandre. Naquela época, as festas eram frequentes, sempre havia gente nova chegando e se apresentando. Bons tempos aqueles, quando meu corpo suportava pelo menos o triplo de álcool que consumo hoje em dia, sem me brindar com uma ressaca homérica no dia seguinte. Alexandre era comunicativo e chegava com desenvoltura nas rodas novas. Todas as vezes em que se apresentava, ele levantava a blusa e mostrava uma cicatriz gigante na barriga, resultado de uma cirurgia realizada por algum motivo que eu estava sempre bêbada demais para entender ou memorizar. Frida, eu e os outros colegas ouvíamos a história e olhávamos para a barriga do Alexandre inúmeras vezes, tantas que ele passou a ser indicado como "o que levanta a blusa e mostra a barriga". Nem sempre eram momentos de conversas intimistas – como o relato na mesa da cozinha que comentei anteriormente –, na maior parte das vezes era, inclusive, um tanto constrangedor, mas ele não se intimidava: sempre que possível, na menor brecha que o assunto permitisse, na mais ínfima conexão que conseguisse fazer, ele simplesmente engatava o tema e levantava a blusa.

Alexandre era claramente traumatizado por aquela experiência e, por mais que, às vezes, fosse inoportuno olhar para a cicatriz, o grupo, com pessoas sensíveis à causa, sempre escutava e dava corda para que ele finalizasse a narrativa. Parecia que a noite na sua companhia não estaria completa sem que ele tivesse tido a oportunidade de mostrar a barriga pelo menos uma vez.

Às vezes, eu me sinto como o Alexandre, tentando inserir o tema do divórcio na roda de conversa da mesa do bar, em uma apresentação aleatória qualquer, como se precisasse mostrar, assim como ele, a cicatriz que carrego. Sinto-me confortável com o que passou, tenho gratidão e orgulho do meu passado: ele me constituiu e ajudou a forjar a Marcela que sou hoje. Racionalmente, sei que não preciso ficar repassando de tempos em tempos partes da minha história para retomar a caminhada. Esse movimento é um tanto cansativo, preferia não refazê-lo de forma constante.

Em 2019, resolvi prestar um processo seletivo para uma bolsa de estudos nos Estados Unidos. A primeira etapa consistia em obter uma certificação de inglês, o que, infelizmente, não consegui na época. Calculei mal o tempo, fui um pouco desorganizada, rolou medo, autossabotagem, e, no final das contas, a exigência era de fato um tanto acima dos meus conhecimentos, eu precisaria ter me dedicado pelo menos o dobro do que trabalhei no projeto. De qualquer forma, foi uma experiência enriquecedora, aprendi muito com o processo e conheci um professor de inglês espetacular. Vou chamá-lo de Alceu.

Gostei do Alceu desde a primeira aula: mesma idade, humor e cansaço com a juventude, além de ser um excelente professor. Acabamos nos aproximando, e foi ótimo ter a companhia dele, eventualmente, para um cinema, um almoço ou uma cerveja. Quando nos conhecemos, Alceu havia acabado de se separar – ainda não havia passado pelas etapas do cartório; arrependimentos e acusações da divisão de bens, como livros, animais de estimação e amigos; adaptação na comunicação e solicitação de favores. Dentro das possibilidades que a experiência de um divórcio exige, ele estava bastante bem.

Em algum momento, o assunto veio à tona, comentei que adorava essa pauta e que ele podia ficar à vontade para falar comigo sobre. Dentre todas as conversas que tivemos, destaco a vez em que

Alceu, desolado, disse-me que não aguentava mais falar sobre esse assunto. Nem ele, nem seus amigos, que gentilmente o alertaram sobre o esgotamento dessa questão. Como boa ouvinte e interessada nesse movimento, fiz alguns alertas a ele: 1) pode me procurar sempre para falar sobre separação, acho que nunca terei a sensação de que já falei e ouvi o bastante; 2) fale o quanto seu corpo sentir necessidade, não se reprima; 3) que tal pagar um analista para te ouvir *ad nauseam*, dar uma folga para os amigos e de quebra fazer uma elaboração emocional mais profunda?

Quando tivemos essa conversa, eu já havia me divorciado há pelo menos dois anos. Foi bom conhecer um *brand new divorced*. Trouxe um alívio perceber que era comum o ímpeto em revisitar periodicamente o tema. Talvez, não tenha trazido o alento que ele desejava, ao perceber que eu, contabilizando então mais de 30 meses de divórcio concluído, ainda nutria interesse por entender esse processo em diferentes seres humanos e tivesse poucas respostas sobre.

A separação se constituiu uma marca que periodicamente sinto desejo de mostrar, como minhas tatuagens. Às vezes, é apenas uma necessidade de pontuar meu lugar de fala, alertando que essa interlocutora tem uma especificidade.

São tantas as experiências que passamos na vida, por que eleger o divórcio como um momento marcante? Por que torná-lo um trauma, que volta e meia aparece no presente sem ser convidado?

Assisti ao filme *A Vida Secreta das Palavras* por indicação de um professor, justamente em um dos cursos que fiz sobre literatura e narrativas de violência. Essa obra de 2004, com direção de Isabel Coixet, recebeu o prêmio Goya de melhor filme e é de uma beleza e sensibilidade surpreendentes. A protagonista, Hanna, é uma sobrevivente da Guerra de Kosovo e lida com lembranças terríveis daquele episódio. Novamente, não ouso comparar a experiência de um divórcio com a de uma guerra, mas apenas traçar paralelos sobre a maneira como memórias que remetem a algum nível de trauma irrompem na vida das pessoas.

DEPOIS DAQUELE DIVÓRCIO

Em uma das últimas cenas do filme – sim, haverá um spoiler agora –, Hanna está na mesa da cozinha, faz sol do lado de fora, as crianças e o marido brincam alegremente no jardim. Seu semblante é tranquilo, e a cena expõe uma atmosfera de calma matinal. Ao tomar uma bebida quente, a voz da memória, aquela história longe, começa a falar e senta na mesa, como se fosse algo vivo que, periodicamente, revisitasse-a para alertar sobre tudo o que passou, para lembrar que ela jamais será uma mulher comum tomando café da manhã, que ela nunca mais poderá esquecer ou deixar escondido lá no fundo o que viveu tantos anos atrás.

Algumas lembranças antigas ficam caladas, adormecidas – coisas da infância, um amigo da juventude, algum trabalho ou evento de que participamos, aspectos rotineiros que só lembramos quando são ativados por algo do presente, como o gosto da madeleine, uma fotografia, a pergunta de um interlocutor. Algo acontece no presente, e, então, fazemos o esforço mnemônico do lembrar. Jeanne Marie Gagnebin fala diversas vezes sobre o quanto a memória se relaciona com um exercício ativo, de busca e construção.

Não é isso que acontece com Hanna. Ninguém a interpela, ela não vê um rosto conhecido do passado, não há cores nem cheiros que a levem de volta ao espaço onde ficou quando foi sequestrada durante a guerra. Aquela lembrança simplesmente chega de manhã e senta na mesa, sem ter sido convidada.

Às vezes, eu gostaria de esquecer tudo o que passou, essa necessidade de falar constantemente para mim mesma que está tudo bem, que não sou diferente ou pior do que as outras mulhe-res, os outros casais, as professoras, filhas, quarentonas, enfim, qualquer outro lugar social ou grupo de que também faço parte. Sinto-me tão bem hoje, a vida que escolhi me cai com tanta tranquilidade e, na maior parte do tempo, é um caminho que flui com naturalidade. Por que, então, essa volta, esse gosto amargo a cada novo encontro amoroso que remete a um lugar de fracasso, de dúvida, de medo?

Em Brasília e em outras cidades, geralmente é mais fácil estar no presente, ficar só nessa pessoa que me tornei, olhar para o futuro. Quando chego a São Paulo, as coisas ainda ficam um pouco esquisitas dentro de mim, como se duas partes da minha existência tentassem se reconectar. A imagem da Avenida Radial Leste, pela televisão, transporta-me para uma vida anterior, um misto de certezas e inseguranças, medo e força por tudo o que conquistei ali, pelos sonhos que ficaram naquela cidade. Não há explicações racionais que deem conta do efeito daquele céu cinza e daquelas nuvens de poluição sobre mim.

Já sucumbi, algumas vezes, à brincadeira clichê de selecionar um único momento ou uma escolha realizada no passado para alterar e imaginar seus efeitos no presente. Se eu não tivesse aceitado aquele emprego, aquela viagem, faltado a um encontro, usado camisinha, vendido um bem. E se tivéssemos a possibilidade de rever algumas decisões e alterar suas consequências?

A filmografia sobre esse tema, provavelmente, é infinita, mas cada obra joga com essa possibilidade de um jeito diferente. Algumas defendem que não importa o quanto busquemos alterar nosso passado ou evitar caminhos: determinados acontecimentos estão fadados a se realizar, não por uma força sobrenatural chamada destino, mas pela nossa própria essência, pelo que nos constitui. Nessa perspectiva, não importa quantas vezes tentemos fugir de algo, algumas coisas simplesmente precisam acontecer em nossas vidas, ou, ainda, inexoravelmente nosso instinto nos leva para determinado caminho, como insetos hipnotizados pela luz. Essa é um pouco a ideia do filme *Brilho eterno de uma mente sem lembranças*, dirigido por Michel Gondry.

Esse filme é de 2004 e, desde que o vi, com o perdão do trocadilho, ele nunca saiu da minha memória. Nessa ficção existe uma empresa que promete apagar determinadas lembranças, e isso é feito com tanto cuidado que, além de desvencilhar quem se submete ao processo de qualquer objeto conectado com aquela memória, os funcionários ainda têm a atenção de avisar parentes, amigos e quaisquer conexões sobre o processo pelo qual é submetida a pessoa, de modo que seria possível, então, apagar os rastros daquela experiência e cuidar para que o círculo de convívio não lembre aquilo que se pretende apagar. O detalhe é tamanho que a própria memória apagada, no caso, antigos amores, também são avisados do processo, para evitar que busquem essa pessoa ou digam algo inapropriado em algum encontro fortuito.

A bela ironia, na minha opinião, é que os protagonistas voltam a se apaixonar, voltam a se buscar, a se reconectar, a serem impelidos um para o outro após o processo de apagamento. Então, o que fazer, quando, pela segunda vez, nossos corpos nos levam para o mesmo lugar? Para aquela mesma pessoa que, já sabemos – avisados por nós mesmos –, não proporcionará um final feliz.

Mais água com açúcar é o romance brasileiro *O homem do futuro*, de 2011, com Wagner Moura e Alinne Moraes como par improvável, mas que está destinado ao romance na maturidade. O protagonista consegue voltar várias vezes ao passado, refazendo alegrias e erros na tentativa de criar uma história de amor plena e uma carreira de sucesso, até perceber que não há atalhos possíveis para o que ele busca. Gosto da mensagem que ambos os filmes – apesar de tão diferentes – têm em comum: precisamos enfrentar algumas experiências nessa vida, elas nos transformarão em alguém mais genuíno.

Acredito que desejamos experimentar determinados sabores, lugares, seguir um caminho por um tempo, como se fosse parte de um processo de formação, de amadurecimento. Se eu pudesse voltar ao passado e me afastar do meu ex-marido quando ainda éramos namorados, enquanto colocávamos os tijolos daquela relação de cobrança e controle, ter dito não em algumas decisões que se revelaram desastrosas para ambos, como eu seria hoje? Eu teria tido mais êxito profissional, teria conseguido me dedicar melhor aos estudos, à minha saúde financeira e emocional?

A verdade é que eu reconheço que, naquele período da minha vida, eu buscava um homem assim, eu ansiava por aquele relacionamento, eu não conhecia outra forma de estar a dois, de amar, e provavelmente teria construído a mesma relação, fosse com A ou B, porque, no final das contas, as pessoas e os relacionamentos irremediavelmente se parecem. Como aquela amiga que parece começar e terminar um namoro com o mesmo cara, tão parecido é o modus operandi, às vezes, até o tipo físico, e notamos pouca diferença quando sai Guilherme e entra Batista na rotina do grupo.

Vários homens apareceram como possibilidade amorosa na época em que comecei a flertar com meu ex-marido. Lembro uma das primeiras vezes que saímos juntos. Na mesma festa, estava um boy interessantíssimo, que me deixou em dúvida em qual eu deveria investir meu charme. Esse, talvez, fosse um ponto no tempo que gostaria de alterar – não porque acredito que teria sido possível modificar o curso que tracei depois, mas porque, talvez, tenha perdido a chance de conhecer um outro tipo de relacionamento, ainda que de forma passageira.

Por algumas escolhas que fiz, entretanto, ainda nutro algum ressentimento. Essa não é uma sensação boa, precisei buscar algum tipo de ajuda para compreendê-la. David Konstan é um pesquisador da arte antiga grega e romana e das emoções e valores relacionados a esse período cultural da humanidade. Seu texto "Ressentimento - história de uma emoção"[7] me ajudou a refletir sobre esse sentimento, por isso, trago aqui contribuições dessa leitura. A partir de definições antigas e modernas de ressentimento, Konstan pontua algumas considerações. Diferentemente da raiva, o ressentimento é algo duradouro, que não se concentra em determinado momento, mas é "cultivado e acalentado". Além disso, é um sentimento persistente e diferente de outras emoções, seria um comportamento emocional que não é dirigido a uma situação específica, mas a algo difuso, quase sem um motivo aparente. Não há conclusões sobre o que fazer com essa sensação, no entanto, reconhecer que antigos e modernos trazem queixas e análises sobre ela me fez perceber o quão humana também sou.

---

[7] KONSTAN, Davi. Ressentimento – história de uma emoção. *In*: BRESCIANI, Stella; NAXARA, Márcia (org.). Memória e (res)sentimento: indagações sobre uma questão sensível. Campinas: Editora da Unicamp, 2004, p. 59- 81.

Por vezes, sou inundada de ressentimento. Quando olho para minha biblioteca, por exemplo, em busca de algum exemplar que sabia possuir, mas deixei para trás na minha primeira mudança rumo a Brasília ou quando saí do apartamento onde morava enquanto casada. Olho para as prateleiras e arrependo-me de ter tentado ser justa na divisão dos livros, arrependo-me de não ter pego simplesmente todos os exemplares de que gostava e que considerava importantes para a minha biblioteca. Odeio a ideia de que meu ex-marido, na usual fúria pelo desapego, provavelmente, desfez-se de livros que me são queridos. Sinto raiva de mim, e um ressentimento geral se manifesta. Talvez, esse fosse mais um momento em que eu gostaria de voltar e modificar no passado, mas, rapidamente, recordo o dia em que precisei separar quais exemplares deixaria para trás e quais entrariam nas caixas de papelão da mudança, a cena do apartamento meio em desordem, enquanto eu tentava dosar razão e emoção para não prejudicar nem a mim nem a meu ex-marido. Então, percebo que, se fosse possível retornar àquela tarde ensolarada, provavelmente, teria encaixotado os mesmos livros, porque foi o melhor que pude fazer com a Marcela que eu tinha naquela ocasião.

Não faz muito tempo que voltei a morar sozinha. Essa decisão veio com calma e clareza, como se um feixe de luz tivesse, de repente, se instaurado sobre mim, apontando que era hora de fazer a próxima mudança e em qual direção ela deveria ser. Sinto-me tão bem, é tão fácil estar no apartamento em que moro agora, que, às vezes, esqueço ser tão recente esse lar. Acredito que quando o lugar está certo, a sensação que devemos ter é justamente a de pertencer há décadas àquele espaço.

Toda mudança é uma oportunidade de reorganizar a casa, jogar papéis fora, rever alguns figurinos há muito esquecidos no fundo do armário. E, no meio de tudo isso, sempre existirá a caixa das fotografias. Pelo menos para mim, aonde vou, levo a tal caixa, ainda que uma parte dela tenha ficado com minha mãe, porque são lembranças que prefiro revisitar quando estou por lá, naquele ambiente familiar e meio atemporal que é o quarto onde vivi minha adolescência.

Na última sessão de desapego, entendi que era hora de me desfazer de alguns registros. Por que ter a fotografia da sobrinha do meu ex-marido vestida de bailarina? Por mais que eu ainda guarde um amor de tia por esse ser humano e vibre pela garota maravilhosa que ela parece estar se tornando, não faz mais nenhum sentido para mim ter essa fotografia, por exemplo. Na peneira das fotos que separei como descartáveis, segui apenas meu instinto, percebendo que alguns registros não faziam mais parte, não tinham mais lugar na tal caixa de fotografias.

Acho cansativo e divertido fazer essa organização – talvez mais cansativo e, por isso, demoro anos até redistribuir esses papéis. Alguns meses depois da última mudança, senti que havia chegado a hora. Ao separar os itens indicados como lixo, reconheci que eram todas fotografias relacionadas ao meu ex-marido, à família dele, algumas cópias de quando moramos em estados diferentes, então, percebi que eu ia jogar fora essa outra parte da minha história, das minhas lembranças e que elas também pertenciam à memória de outra pessoa. Pareceu irresponsável simplesmente descartar aquele maço de fotografias, como se eu estivesse jogando no lixo uma outra metade de uma história que não me pertencia. Senti que não poderia fazer isso sozinha e contatei meu ex-marido, perguntando se ele tinha interesse em ficar com aquelas fotografias. Era como se eu lhe dissesse "Essa é a sua parte, faça com ela o que quiser", como se eu estivesse lhe devolvendo uma metade da nossa história, um pedaço que ainda estava comigo, mas não era meu, materializado naqueles registros, e que ele ficasse à vontade para fazer o que bem entendesse com seu lote do latifúndio.

Senti um alívio enorme ao poder fazer essa doação – ou devolutiva – e fiquei tocada em vê-lo sensibilizado com as mesmas lembranças registradas em papel fotográfico. Eram parte da sua história também, e acredito que só conseguimos mexer assim naquela caixa, de forma calma e civilizada, porque ambos estávamos confortáveis com esse passado em comum e com o presente separado.

Não importava mais determinar exatamente quem começou ou terminou alguma briga, porque, no final das contas e no meio de tanto amor e anos de investimento, nosso casamento acabou. Simplesmente passou, para ambos, de modo que manusear aquelas fotografias que nos uniram em algum ponto do passado me parece parte do reconhecimento de que as coisas têm um fim e saber olhá-lo de frente e aceitá-lo é uma maneira de acomodar as experiências que nos permitimos realizar ao longo da vida. Saber aceitar que acabou e que, mesmo assim, está tudo bem, aquela história ainda estará lá, perdida na caixa de fotografias, em algum ponto do passado, entre as muitas coisas que também acontecem e acabam.

Fez bem perceber que manusear aquelas memórias comuns também era uma atividade emocionalmente intensa para meu ex-marido. Levei horas para compor aquela seleção de duas pilhas que lhe ofereci e que ele logo reconheceu que não seria um exercício exatamente rápido. Fez bem esse seu reconhecimento, porque ali meu ex-marido assumiu um ar humano que, em alguns momentos, achei que ele fosse incapaz de sentir ou de demonstrar. Então, parece que a mesma pessoa que me expulsou de casa e me espezinhou por semanas com mensagens sobre cadeiras, liquidificador, cartório, plano de saúde, risco de cancelamento de bolsa, entre outros textos incentivadores sobre minha existência nesse planeta, tinha, no instante da calmaria, um coração.

Quando ele levou o que julgou oportuno da sua parte da nossa história que ainda estava comigo, eu senti como se mais um ciclo do processo da separação se encerrasse, uma etapa que eu nem sabia que faltava, na verdade, mas parecia ser necessária. Como se algo que eu não percebesse que estava aberto ainda, tivesse sido fechado. Isso me trouxe um alento, como quando acendem uma luz no ambiente que escureceu de repente e que nem notamos a falta da iluminação. A serenidade foi tão completa, que pensei que teria sido uma pena ter casado novamente ou construído outro relacionamento amoroso antes de ter concluído mais essa fase da separação. Como se eu sentisse que agora sim, realmente estava pronta, e não havia mais nenhuma pendência a resolver em meu coração.

Lembranças assim, trazidas por uma fotografia ou uma conversa fortuita, são um acalento dos tempos vividos. É bom lembrar-se dessa maneira, é importante reconhecer as escolhas feitas que me levaram ao lugar em que estou hoje. Reconhecer que meu presente é fruto das decisões que tomei, a partir das ferramentas que tinha, e ter generosidade em olhar o que já passou. Como seríamos sem saber nada sobre nosso passado? Sem poder coletar pequenas lembranças que nos unem aos tempos diferentes da nossa existência, do amadurecimento e da passagem dos anos?

Hoje, eu me sinto um pouco cansada para recomeçar um amor ou algo parecido com o que chamamos casamento. Talvez, seja a proximidade dos 40 anos, o acúmulo de casos e paixões, o excesso de trabalho, o afeto que é preenchido com laços de amizade. Apesar de cansada, percebo que não desisti, e a possibilidade de um novo romance ainda faz meu olho brilhar. Guardo bons sentimentos dos casos que tive, e eles me nutrem nos dias em que chega um medo, como para lembrar que ainda sei sentir, que pode ser possível criar algum tipo de conexão com outro ser humano. Como o narrador do conto lá do começo dos anos 1980, "Pequenas epifanias", de Caio Fernando Abreu, que recito quase de cor, o tanto que faz sentido hoje e me ajuda a perceber traços comuns entre essa ficção e a minha realidade. O quanto, no final das contas, estamos ligados a pequenas epifanias da literatura e da existência.